MW00390686

Diccionario escolar enfocado

Lectura
Grados 2 y 3

DEG

San Antonio, Texas

Staff

Editorial

Jaime Palacios
Contenidos

Alba Sánchez
Directora Editorial

Producción

Luis Díaz
Director de Diseño

Alejandro Flores
Director de Producción

Elida Lara
Formación

Arte

Fabiola Graullera
Yadhira Corichi
Julieta Gutiérrez
Mónica Pérez
Aurora del Rosal
Ilustradores

Irla Granillo
Ilustración de Portada

Printed in the United States of America

ISBN 1-932554-01-7

6 5 4 3 2 1   03 04 05 06 07

Contenido

Querido amigo:

Tu *Diccionario escolar enfocado* para Lectura grados 2 y 3, es una útil herramienta de consulta acerca del significado de las palabras que lees en tus libros de texto de Lectura. Ponemos en tus manos la oportunidad de estimular tu curiosidad para comprender el significado de las palabras, su uso correcto en diferentes contextos y ampliar tu vocabulario.

El contenido de tu *Diccionario escolar enfocado* para Lectura grados 2 y 3, fue seleccionado de los programas educativos que llevas en tu escuela. Las definiciones están escritas en un lenguaje sencillo y con ejemplos de cómo usar las palabras en tu vida cotidiana. Además, coloridas ilustraciones facilitan tu comprensión de las palabras.

Tus papás y tus maestros son personajes importantes en la gran aventura que es el uso del lenguaje. Disfruten e investiguen juntos palabras de uso común y aquellas de difícil comprensión con esta herramienta invaluable que es el *Diccionario escolar enfocado* para Lectura grados 2 y 3 que Diaz Educational Group pone en sus manos.

Los Editores

Cómo usar este diccionario

El *Diccionario escolar enfocado* para Lectura grados 2 y 3, es una guía para la comprensión y uso del idioma español.

Cada palabra está definida de manera sencilla. Las definiciones se tomaron del sentido como aparecen en tus libros de texto de Lectura. Encontrarás tanto palabras de uso frecuente que ya te son familiares como palabras de difícil comprensión.

El *Diccionario escolar enfocado* para Lectura grados 2 y 3, te ofrece una amplia selección de palabras, pero no necesariamente incluye a todos los términos que lees en tus libros de texto.

Para cada palabra se da un ejemplo de su uso. Además de sinónimos y antónimos que contribuyen a ampliar tu vocabulario.

Encontrarás ilustraciones que son un apoyo visual del significado de las palabras que se definen en este diccionario. También encontrarás recuadros que explican otros significados que una palabra puede tener y cómo se usan en ese contexto.

Al final del diccionario encontrarás un índice ordenado alfabéticamente en inglés, que es una referencia rápida para las personas que no comprenden o están aprendiendo el español.

En la página siguiente se indican los elementos que encontrarás en tu *Diccionario escolar enfocado* para Lectura grados 2 y 3. La gran aventura apenas empieza. Tu imaginación y la de tus padres y maestros es el segundo ingrediente que necesitas para navegar en el fascinante mar de palabras que nos ayudan a comunicarnos con las demás personas. El primer ingrediente, ya lo tienes en tus manos, ¡úsalo y disfrútalo!

Palabra
La palabra seleccionada como se escribe en español.

Inglés
La palabra que corresponde en inglés a la palabra en español.

Palabras guía
Muestran la primera o la última palabra que aparece en una página del diccionario.

Definición
La explicación de lo que significa la palabra.

Categoría gramatical
Abreviaturas que indican si la palabra es un adjetivo, verbo, sustantivo, etcétera.

Sinónimos
Otras palabras que tienen un significado parecido a la palabra que se está definiendo.

Antónimos
Palabras que tienen el significado opuesto a la palabra que se está definiendo.

Ejemplo
Oración que muestra cómo se usa la palabra en el contexto en que se define.

Ilustraciones
Coloridas imágenes que representan lo que significa la palabra.

---

sembramos

S s

secreteaban [se•cre•tea•ban] / whispered
v. secretear Hablar dos o más personas en secreto. *ej.* Las niñas se secreteaban cuando llegué y no quisieron decirme de qué hablaban.

sedoso [se•do•so] / silky
adj. Que es suave como la seda. *ej.* Mi gato tiene el pelo sedoso. *sin.* fino. *ant.* áspero.

segundo [se•gun•do] / second
s. Un tiempo muy breve, tan sólo un momento. *ej.* Espera un segundo, no tardo.

Qué + significa
Lo que sigue del primero, que corresponde al número dos. *ej.* Quedé en **segundo** lugar.

seguramente [se•gu•ra•men•te] / surely
adv. Con seguridad. *ej.* Cuando crezcas, seguramente vas a estudiar una carrera. *sin.* indudablemente. *ant.* dudosamente.

selva [sel•va] / jungle
s. Terreno con muchos árboles, plantas y animales. *ej.* En la selva dos monos juegan en las ramas de los árboles. *sin.* jungla. *ant.* desierto.

sembramos [sem•bra•mos] / sowed
v. sembrar Poner semillas adentro de la tierra para que crezcan y den frutos. *ej.* Este año sembramos frijol y tomate. *ant.* cosechamos.

187

En este diccionario se usan algunas abreviaturas, que son una forma corta de escribir una palabra y van seguidas de un punto. Aparecen resaltadas en cursivas y en negritas. Las abreviaturas usadas en tu *Diccionario escolar enfocado* para Lectura grados 2 y 3 son las siguientes.

s.	sustantivo
adj.	adjetivo
v.	verbo
adv.	adverbio
ej.	ejemplo
sin.	sinónimo
ant.	antónimo
pron.	pronombre

Tu *Diccionario escolar enfocado* para Lectura grados 2 y 3, te ofrece información complementaria sobre las palabras que en él se definen.

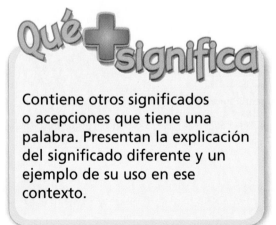

Contiene otros significados o acepciones que tiene una palabra. Presentan la explicación del significado diferente y un ejemplo de su uso en ese contexto.

abalanzamos [a•ba•lan•za•mos] / rushed towards
v. abalanzar Lanzarse, aventarse en dirección a alguien o algo.
ej. Cuando se rompe la piñata, nos abalanzamos a recoger los
dulces. *sin.* precipitamos. *ant.* refrenamos.

abanicó [a•ba•ni•có] / fanned
v. abanicar Hacer aire con un abanico.
ej. El señor Torres se abanicó con su
periódico mientras esperaba el autobús.

abatido [a•ba•ti•do] / depressed
adj. Que perdió las fuerzas o las ganas.
ej. José estaba abatido por perder el
partido. *sin.* derrotado. *ant.* animoso.

abolengo [a•bo•len•go] / ancestry
s. Que sus abuelos y otros familiares que vivieron antes, fueron
gente importante. *ej.* Es una persona de abolengo: desciende
de presidentes y generales. *sin.* linaje, estirpe.

abono [a•bo•no] / fertilizer
s. Sustancia que se pone
a la tierra para que dé más
frutos. *ej.* Si pones abono
a la tierra, las plantas crecerán
mejor. *sin.* fertilizante.
ant. esterilizador.

Qué + significa

Pago en partes. *ej.* Ya di el primer **abono** del
refrigerador.

abrasador [a•bra•sa•dor] / scalding
adj. Que está caliente y quema. *ej.* Hoy luce un sol abrasador.
sin. ardiente. *ant.* refrescante.

absurdo [ab•sur•do] / absurd
adj. Que es tonto, sin sentido. *ej.* Ese payaso hizo algo
absurdo que me dio mucha risa. *sin.* ilógico, irracional.
ant. sensato, lógico.

abultada [a•bul•ta•da] / bulky
adj. Gruesa, de mucho bulto. *ej.* Llevaba su mochila tan abultada que cansaba cargarla. *sin.* voluminosa. *ant.* delgada.

aburrido [a•bu•rri•do] / bored
adj. Está cansado por algo que no le divierte. *ej.* José estaba aburrido con el programa de televisión. *sin.* fastidiado. *ant.* entretenido.

abusivos [a•bu•si•vos] / bullies
adj. Que se aprovechan de otros que son más débiles. *ej.* En mi escuela sólo hay dos niños abusivos. *sin.* aprovechados. *ant.* respetuosos.

acalambradas [a•ca•lam•bra•das] / cramped
adj. Que se ponen duros y tensos los músculos e impiden el movimiento. *ej.* Ya no siguió nadando porque tenía acalambradas las piernas. *sin.* adoloridas. *ant.* relajadas.

acaso [a•ca•so] / perhaps
adv. Quizá, tal vez. *ej.* ¿Acaso eres un mago? *sin.* incierto, por casualidad. *ant.* seguro.

acatarrada [a•ca•ta•rra•da] / has a cold
adj. Que se enfermó de catarro. *ej.* Caty hoy no vendrá a la escuela porque está muy acatarrada. *sin.* resfriada. *ant.* sana.

acciones [ac•cio•nes] / actions
s. Algo que se hace. *ej.* Para saber si Pedro es sincero, necesito conocer sus acciones. *sin.* actos. *ant.* quietud.

acechaban [a•ce•cha•ban] / stalked
v. acechar Observar a escondidas. *ej.* Los gatos acechaban al ratón. *sin.* espiaban. *ant.* descuidaban.

acercarse [a•cer•car•se] / approach
v. acercar Ponerse cerca de algo o alguien. *ej.* No deben acercarse mucho al perro, porque es bravo.

acogedora [a•co•ge•do•ra] / cozy
adj. Lugar u objeto que es muy cómodo, agradable. *ej.* Esa cabaña que está en las montañas es muy acogedora; tiene chimenea, camas suaves y juegos. *sin.* confortable. *ant.* incómoda.

acordaron [a•cor•da•ron] / agreed
v. acordar Ponerse de acuerdo. *ej.* Los amigos acordaron encontrarse en el circo. *sin.* convinieron. *ant.* discreparon.

acorralado [a•co•rra•la•do] / cornered
v. acorralar Encerrar a alguien o algo en un espacio pequeño para que no escape. *ej.* Los policías tenían acorralado al ladrón en un callejón. *sin.* cercado. *ant.* liberado.

acostumbran [a•cos•tum•bran] / used to
v. acostumbrar Tener la costumbre o el hábito de algo. *ej.* Ellos acostumbran romper piñatas en las fiestas de cumpleaños. *sin.* practican. *ant.* desacostumbran.

acrobacia [a•cro•ba•cia] / acrobatic
s. Movimiento espectacular que realiza un aviador en el aire. *ej.* Cuando vuela, le gusta hacer la acrobacia del rizo. *sin.* voltereta.

actividades [ac•ti•vi•da•des] / activities

s. Cosas que se hacen. *ej.* ¿Ya hiciste las actividades que vienen al final del capítulo? *sin.* acciones.

acudieron [a•cu•die•ron] / came

v. acudir Ir a un lugar que se indica. *ej.* Los animales acudieron al llamado del coyote. *sin.* asistieron. *ant.* retiraron.

acurrucan [a•cu•rru•can] / snuggled

v. acurrucarse Encogerse para protegerse del frío. *ej.* Los pajaritos se acurrucan en su nido. *sin.* protegen. *ant.* descubren.

adivine [a•di•vi•ne] / guess

v. adivinar Descubrir lo que quiere decir un enigma o adivinanza. *ej.* El que adivine esta adivinanza se llevará un premio. *sin.* acertar. *ant.* desatinar.

Qué + significa

Adivinar el futuro. *ej.* Las gitanas dicen que te **adivinan** la suerte y el porvenir.

admirable [ad•mi•ra•ble] / remarkable

adj. Algo muy bueno, muy bien hecho o sorprendente. *ej.* Esa jugada fue admirable; por eso ganaron. *sin.* asombroso. *ant.* detestable.

admiradores [ad•mi•ra•do•res] / fans

s. A quienes les gusta mucho algo o alguien. *ej.* Santiago es un futbolista famoso. Sus admiradores asisten a todos sus partidos. *sin.* fanáticos, seguidores. *ant.* opositores.

adolescencia [a•do•les•cen•cia] / adolescence

s. Cuando se deja de ser niño pero todavía no se es adulto.
ej. En la adolescencia te cambia la voz y a los hombres les sale bigote. *sin.* pubertad. *ant.* adulto.

adorable [a•do•ra•ble] / adorable

adj. Que hace que lo quieran, que lo amen o les caiga bien.
ej. Qué niño tan educado, es adorable. *sin.* encantador.
ant. aborrecible.

adultos [a•dul•tos] / adults

s. Cuando una persona acaba de crecer se convierte en adulto.
ej. Mis papás y mis tíos ya son adultos. *sin.* mayor de edad.
ant. bebé.

advirtió [ad•vir•tió] / warned

v. advertir Avisar, llamar la atención sobre algo.
ej. Pedro advirtió a Juan que iba a empezar a llover.
sin. avisar. *ant.* ocultar.

aeromodelismo [a•e•ro•mo•de•lis•mo] / model aircraft flying

s. Deporte que consiste en construir y probar pequeños modelos de aviones. *ej.* El aeromodelismo debe practicarse en espacios abiertos, para que los aviones no tengan obstáculos.

afanosamente [a•fa•no•sa•men•te] / eagerly

adv. Que se realiza con mucho esfuerzo.
ej. Los campesinos trabajaron afanosamente y regresaron con mucha hambre. *sin.* animosamente.
ant. desanimadamente.

afecto [a•fec•to] / affection
s. Las emociones o sentimientos, especialmente de amor o de cariño. *ej.* Yo tengo mucho afecto hacia mis papás, mis hermanos y también hacia mi perro. *sin.* simpatía. *ant.* indiferencia.

aferró [a•fe•rró] / clung
v. **aferrar** Agarrar con fuerza. *ej.* Luis se aferró al salvavidas para no hundirse. *sin.* aseguró. *ant.* soltó.

afición [a•fi•ción] / interest
s. Gusto por algo. *ej.* Tiene una gran afición por los caballos. *sin.* inclinación. *ant.* indiferencia.

afinidad [a•fi•ni•dad] / affinity
s. Cuando dos personas se caen bien porque se parecen, piensan igual o les gustan cosas parecidas. *ej.* Entre esos dos amigos hay mucha afinidad, porque tienen los mismos gustos. *sin.* semejanza. *ant.* disparidad.

afirma [a•fir•ma] / assures
v. **afirmar** Decir que algo es cierto. *ej.* Luis afirma que vio una estrella fugaz. *sin.* asegura. *ant.* niega.

aflijas [a•fli•jas] / distressed
v. **afligir** Sentir sufrimiento o angustia. *ej.* No te aflijas por haber perdido el juego. Lo importante es competir. *sin.* preocupes. *ant.* alegres.

agarre [a•ga•rre] / clutches
v. **agarrar** Tomar una cosa con las manos. *ej.* Cada quien agarre una cubeta y ayuden a recoger la basura.

ágil [á•gil] / agile

adj. Una persona o animal que puede moverse con facilidad y soltura. *ej.* Para ser una buena gimnasta hay que ser muy ágil. *sin.* ligero. *ant.* torpe.

agitándose [a•gi•tán•do•se] / agitating

v. agitar Moverse bruscamente de un lado a otro. *ej.* El pez, al salir del agua, estaba agitándose con desesperación. *sin.* inquietándose. *ant.* calmándose.

agotado [a•go•ta•do] / tuckered

v. agotar Estar cansado. *ej.* Estoy agotado porque jugué todo el día. *sin.* fatigado. *ant.* descansado.

Gastar del todo, acabar. *ej.* Las provisiones se nos habían **agotado**, así que tuvimos que regresar.

agradecimiento [a•gra•de•ci•mien•to] / gratefulness

s. Dar las gracias. *ej.* Le regalé a la maestra unas flores con una tarjeta que decía: "Con todo mi agradecimiento por sus enseñanzas". *sin.* gratitud. *ant.* ingratitud.

agudo [a•gu•do] / acute

adj. Que es intenso, penetrante. *ej.* Las muelas infectadas producen un dolor muy agudo. *sin.* punzante. *ant.* superficial.

águila [á•gui•la] / eagle

s. Ave de vista muy penetrante y fuerte musculatura que vuela con gran rapidez y muy alto. *ej.* Mi abuelo dice que el águila es la reina de las aves.

ahínco [a•hín•co] / eagerness

s. Esfuerzo grande para hacer algo. *ej.* Si quieres ser el mejor en algo, tienes que prepararte con ahínco. *sin.* esfuerzo. *ant.* apatía.

ahorran [a•ho•rran] / save

v. ahorrar Guardar dinero para lo que se pueda necesitar en el futuro. *ej.* Las hormigas ahorran alimentos en el verano para tener qué comer en el invierno. *sin.* reservan. *ant.* despilfarran.

ahumados [ahu•ma•dos] / smoked

adj. Un objeto transparente al que se le da un color oscuro. *ej.* Los anteojos oscuros también se conocen como anteojos ahumados. *sin.* oscuros. *ant.* claros.

ajetreo [a•je•tre••o] / bustle

s. Acción de hacer muchas cosas yendo y viniendo de un lado a otro. *ej.* El ajetreo de organizar mi fiesta cansó a mi mamá. *sin.* trajín. *ant.* calma.

alabó [a•la•bó] / praised

v. alabar Decir cosas buenas de alguien. *ej.* Yo creo que eres un buen estudiante, porque el profesor te alabó mucho. *sin.* elogió. *ant.* criticó.

alacena [a•la•ce•na] / cupboard

s. Mueble para guardar trastos. *ej.* Ve por un vaso a la alacena.

alargaba [a•lar•ga•ba] / stretched

v. alargar Estirar o hacer más largo un objeto. *ej.* Quisimos partir la goma de mascar, pero se alargaba cuando la estirábamos. *sin.* ampliaba. *ant.* disminuía.

alarmó [a•lar•mó] / alarmed
v. alarmar Que alguien se asustó. *ej.* Mi vecino se alarmó cuando vio salir humo del patio. *sin.* inquietó. *ant.* tranquilizó.

alba [al•ba] / dawn
s. La primera luz del día antes de que salga el sol por completo. *ej.* Mi papá se despierta al alba y se va a trabajar.

alborotaron [al•bo•ro•ta•ron] / agitated
v. alborotar Inquietarse y producir un griterío. *ej.* Algunos niños se alborotaron tratando de atrapar una mariposa. *sin.* alteraron. *ant.* tranquilizaron.

alcaldesa [al•cal•de•sa] / mayor
s. Mujer que ocupa el puesto de alcalde, quien dirige a una ciudad. *ej.* La alcaldesa promueve el desarrollo en la ciudad.

alcantarillas [al•can•ta•ri•llas] / sewers
s. Caminos para el paso del agua, por abajo de la tierra o de la calle y sirven para llevarse el agua de la lluvia o el agua sucia de las casas. *ej.* En las alcantarillas hay muchos ratones.

alcornoques [al•cor•no•ques] / cork oak
s. Árboles que siempre están verdes, de madera muy dura, copa ancha y con una gruesa capa de corcho en el tronco. *ej.* A los carpinteros les gusta mucho la madera de los alcornoques.

aldea [al•de•a] / village
s. Pueblo de pocos habitantes y casi siempre sin gobierno propio. *ej.* Estuvimos perdidos muchas horas en la selva, hasta que encontramos una aldea donde nos ayudaron. *sin.* caserío. *ant.* ciudad.

alega [a•le•ga] / argue
v. alegar Decir algo para defenderse, discutir o convencer.
ej. El ladrón alega que él es inocente. *sin.* justificar. *ant.* aprobar.

alérgica [a•lér•gi•ca] / allergic
adj. Que le hacen daño algunos alimentos o cosas que a la demás gente no le hacen daño. *ej.* Paula es alérgica al polvo. *sin.* sensible. *ant.* insensible.

alerta [a•ler•ta] / alert
adj. Que está atenta y vigilante. *ej.* Ana estaba alerta al menor ruido que escuchaba en el caserón vacío. *sin.* dispuesta. *ant.* desprevenida.

aleta [a•le•ta] / fin
s. Lo que tienen los peces para moverse, en lugar de patas. *ej.* Ver la aleta de un tiburón entre las olas anuncia peligro.

- Calzado en forma de aleta de pez que usan los buzos para nadar. *ej.* Compré unas **aletas** para ir a la playa.
- Una parte de los barcos. *ej.* La tormenta dañó una de las **aletas** del barco.

aletea [a•le•te•a] / flutters
v. aletear En las aves, mover las alas. En peces, mover las aletas. *ej.* Mi hermanito todavía no sabe hablar, pero mueve los brazos como si fuera un pájaro que aletea.

alféizar [al•féi•zar] / sill
s. Parte de algunas ventanas que está abajo y se extiende hacia adelante, como si fuera un trampolín pequeño. *ej.* A las palomas les gusta descansar en el alféizar de las ventanas de los edificios.

alforja [al•for•ja] / saddlebag

s. Saco de tela abierto por el centro, que se carga sobre los hombros. *ej.* El cartero carga una alforja donde lleva las cartas que debe entregar. *sin.* talego.

algarabía [al•ga•ra•bí•a] / excitement

s. Gritería confusa que se oye cuando varias personas hablan al mismo tiempo. *ej.* ¡No puedo oír nada con esa algarabía! *sin.* gritería. *ant.* tranquilidad.

algas [al•gas] / seaweed

s. Plantas que viven en el fondo de mares o lagos. *ej.* Cuando buceo, me gusta ver las formas raras que tienen las algas.

aliento [a•lien•to] / breath

s. El aire que sacamos al respirar. *ej.* Cuando subo muchas escaleras me empieza a faltar el aliento.

aligerarlo [a•li•ge•rar•lo] / lighten

v. aligerar Hacer algo menos pesado o más ligero. *ej.* José tenía mucho trabajo en el taller, pero sus amigos le ayudaron a aligerarlo. *sin.* disminuirlo. *ant.* agravarlo.

alisó [a•li•só] / smoothed

v. alisar Pasar la mano sobre algo para emparejar o aplanar. *ej.* Julia se alisó el cabello con la mano.

almizclosa [al•miz•clo•sa] / musky

adj. Que huele a almizcle. El almizcle es una sustancia que producen algunos animales y se usa para hacer perfumes. *ej.* El perfume de Lucía tiene una sustancia almizclosa.

alquitrán [al•qui•trán] / tar

s. Sustancia derivada del petróleo, principalmente, que sirve para impermeabilizar techos o para asfaltar calles. *ej.* Como ya viene la temporada de lluvias, están poniendo alquitrán en los techos de las casas.

alto [al•to] / high

adj. Que está elevado sobre el suelo. *ej.* Julia sube muy alto en el columpio.
sin. elevado. *ant.* bajo.

- Interrumpir algo que se está haciendo. *ej.* Cerca de mi escuela hay una señal de **alto** para los autos.
- De gran estatura. *ej.* El maestro Tomás es **alto**.

altavoz [al•ta•voz] / speaker

s. Aparato que sirve para que se escuche más fuerte el sonido. *ej.* El director habla por el altavoz y lo escuchamos en todos los salones.

altivos [al•ti•vos] / arrogants

adj. Que son orgullosos. *ej.* Los altivos creen que son superiores a los demás. *sin.* soberbios. *ant.* humildes.

amargar [a•mar•gar] / bitter

v. Causar enojo o tristeza. *ej.* Si continúan discutiendo, van a amargar la fiesta. *sin.* entristecer. *ant.* animar.

amarillento [a•ma•ri•llen•to] / yellowish

adj. Que es casi amarillo. *ej.* Liz tiene el cabello amarillento.

amarras [a•ma•rras] / straps

s. Cuerdas o cables con que se sujeta a los barcos a la tierra, o con que se sujeta el ancla. *ej.* ¡Eleven las amarras, que el barco ya se va!

amate [a•ma•te] / amate tree

s. Árbol que crece en algunas zonas cálidas de México y sirve para hacer papel. *ej.* Las pinturas en papel amate son artesanías muy apreciadas por los turistas.

ambiciosos [am•bi•cio•sos] / ambitious

adj. Que quieren algo con muchas ganas. *ej.* Los de tu equipo son muy ambiciosos, quieren ganar el trofeo. *sin.* deseosos. *ant.* desdeñosos.

amenazó [a•me•na•zó] / threatened

v. amenazar Dar a entender a alguien que se le quiere hacer daño. *ej.* El policía amenazó al asaltante. *sin.* advirtió.

ampollas [am•po•llas] / blisters

s. Bolsas pequeñas llenas de líquido que salen por una quemadura o un roce. *ej.* Me salieron ampollas por usar zapatos apretados.

analiza [a•na•li•za] / analyze

v. analizar Hacer un estudio a profundidad de algo. *ej.* El médico analiza a sus pacientes. *sin.* examina.

ancas [an•cas] / haunches

s. Cada una de las mitades de la parte de atrás de los animales. *ej.* Las ancas de rana son un platillo delicioso.

ancla [an•cla] / anchor

s. Pieza de metal que sirve para sujetar a los barcos al fondo del mar. *ej.* ¡Leven el ancla! grita el capitán cuando el barco ya se va.

anfitriona [an•fi•trio•na] / hostess

s. Persona que recibe invitados en su casa. *ej.* María es muy buena anfitriona. Cuando vamos a su casa, nos atiende muy bien. *sin.* hospedero. *ant.* invitado.

anguila [an•gui•la] / eel

s. Pez largo y cilíndrico. Su carne es comestible. *ej.* ¿Has probado la ensalada de anguila?

angustia [an•gus•tia] / anguish

s. Ansiedad, temor que no se sabe qué lo causa. *ej.* La angustia no te deja divertirte. *sin.* intranquilidad. *ant.* despreocupación.

anhelo [an•he•lo] / desire

s. Deseo muy intenso. *ej.* Desde niño tuvo el anhelo de conocer muchos países. *sin.* ambición. *ant.* apatía.

animar [a•ni•mar] / encourage

v. Dar ánimo y fortaleza a alguien. *ej.* Debemos animar a nuestro equipo. *sin.* estimular. *ant.* desanimar.

anota [a•no•ta] / take note

v. anotar Escribir algo para poder recordarlo después. *ej.* María anota lo que le dicta su maestra. *sin.* apunta. *ant.* borra.

ansiedad [an•sie•dad] / anxiety

s. Inquietud causada por algo que se desconoce. *ej.* Los exámenes me producen mucha ansiedad. *sin.* preocupación. *ant.* calma.

antepasados [an•te•pa•sa•dos] / ancestors

s. La gente que vivió antes que nosotros, de quien descendemos.
ej. Mis antepasados son mis papás, mis abuelos, y también los papás y los abuelos de mis abuelos.
sin. antecesores. **ant.** descendientes.

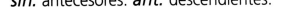

anterior [an•te•rior] / previous

adj. Que está antes. **ej.** Ella terminó todos los ejercicios de la página anterior. **sin.** previo. **ant.** siguiente.

antiguo [an•ti•guo] / ancient

adj. Que existe desde hace mucho tiempo. **ej.** Ese carro es muy antiguo, como de 1919. **sin.** viejo. **ant.** nuevo.

antílope [an•tí•lo•pe] / antelope

s. Animal rumiante parecido a una gacela. **ej.** Un antílope escapa corriendo de un león.

antipático [an•ti pá•ti•co] / unpleasant

adj. Que causa antipatía, rechazo.
ej. Ese payaso es un antipático, no creo que le guste a los niños.
sin. aborrecible. **ant.** simpático.

antojadizo [an•to•ja•di•zo] / capricious

adj. Que tiene muchos antojos con frecuencia. **ej.** De pequeño, era un niño antojadizo y hacía berrinche cuando no me cumplían mis caprichos.
sin. caprichoso. **ant.** constante.

antónimo [an•tó•ni•mo] / antonym

adj. y *s.* Palabra que tiene un significado contrario al de otra palabra. *ej.* El antónimo de "amigo" es "enemigo".

antorchas [an•tor•chas] / torches

s. Utensilio de forma alargada que en uno de sus extremos se le pone una sustancia flamable y sirve para alumbrar. *ej.* Los hombres de las cavernas se iluminaban con antorchas.

anual [a•nual] / yearly

adj. Que algo sucede o se repite cada año. *ej.* La Navidad es una fiesta anual.

añadió [a•ña•dió] / added

v. añadir Agregar algo a otra cosa. *ej.* Cuando añadió la última pieza a la escultura, le aplaudieron. *sin.* aumentó. *ant.* quitó.

añicos [a•ñi•cos] / smithereens

s. Pedazos pequeños en que se divide un objeto cuando se rompe. *ej.* El avioncito se elevó, luego cayó y se hizo añicos. *sin.* trizas.

añora [a•ño•ra] / yearns

v. añorar Recordar con tristeza a alguien o algo que ya no está. *ej.* Don Matías añora su pueblo. *sin.* recuerda. *ant.* olvida.

apacible [a•pa•ci•ble] / calm

adj. Que es tranquilo y agradable. *ej.* Este lugar es apacible, puedes descansar sin sobresaltos. *sin.* placentero. *ant.* desapacible.

aparato [a•pa•ra•to] / device

s. Objeto formado por varias piezas que sirve para hacer un trabajo determinado. *ej.* Ese aparato sirve para buscar tesoros escondidos. *sin.* artefacto.

apetecibles [a•pe•te•ci•bles] / delectable

adj. Que se antojan. *ej.* Mi mamá cocina cosas muy apetecibles.

apetito [a•pe•ti•to] / appetite

s. Ganas de comer. *ej.* Ya debe ser mediodía, porque ya tengo apetito. *sin.* hambre. *ant.* inapetencia.

apiñaban [a•pi•ña•ban] / crowded

v. apiñar Juntar muy cerca a personas o cosas. *ej.* Ellos apiñaban los libros en una mesa, sin orden. *sin.* amontonaban. *ant.* ordenaban.

apoyan [a•po•yan] / support

v. apoyar Ayudar y proteger a alguien o algo. *ej.* Ellos apoyan mucho a los niños con cáncer. *sin.* amparan. *ant.* desamparan.

Qué + significa

Que una cosa esté encima de otra para sostenerla. *ej.* Una pata de mi cama se **apoya** sobre un ladrillo.

apresuradamente [a•pre•su•ra•da•men•te] / hurriedly

adv. Hacer las cosas con prisa. *ej.* Por hacer la tarea apresuradamente, me equivoqué. *sin.* aceleradamente. *ant.* lentamente.

apuesta [a•pues•ta] / good-looking

adj. Bien arreglada, bien parecida, gallarda. *ej.* Con sus plumas brillantes y coloridas, la cotorra era el ave más apuesta de todas. *sin.* guapa. *ant.* desgarbada.

apurado [a•pu•ra•do] / hurried

adj. Con prisa. *ej.* Iba todo apurado porque se quedó dormido y se le iba a pasar el tren. *sin.* apresurado. *ant.* despreocupado.

Preocupado. *ej.* Juan está **apurado** porque tiene un problema.

arado [a•ra•do] / plow

s. Instrumento que sirve para sembrar la tierra. *ej.* El tractor arrastra un arado que va abriendo surcos en la tierra, en los cuales pondrán las semillas.

arándano [a•rán•da•no] / cranberry

s. Nombre de una planta y de su fruto. *ej.* El arándano es un fruto dulce en forma de baya.

arbórea [ar•bó•rea] / arboreal

adj. Que parece árbol o se relaciona con los árboles. *ej.* La rana arbórea es la que vive en los árboles.

arbustos [ar•bus•tos] / bushes

s. Planta que tiene hojas todo el año, con ramas desde su base. *ej.* La pelota cayó detrás de esos arbustos del parque.

arcadas [ar•ca•das] / retching

s. Movimiento violento del estómago, antes o al mismo tiempo que el vómito. *ej.* Eso que estás comiendo me produce arcadas, mejor me voy.

arco [ar•co] / arch

s. Arma hecha de una varilla y una cuerda, que sirve para disparar flechas. *ej.* Los antiguos indígenas de las llanuras eran muy hábiles con el arco y la flecha.

arco iris [ar•co•i•ris] / rainbow

s. Curva de seis colores que se forma en el cielo cuando los rayos de sol pasan a través de la lluvia. *ej.* Dicen que ver un arco iris es de buena suerte.

ardientes [ar•dien•tes] / burning

adj. Que arden. *ej.* Cuando dicen "las ardientes arenas del desierto", se refieren a que la arena está muy caliente. *sin.* candentes. *ant.* fríos.

argumento [ar•gu•men•to] / plot

s. De lo que trata una obra de teatro o una película; la historia que cuentan. *ej.* Cuéntame el argumento de la película que fuiste a ver.

Qué + significa

Explicación o justificación. *ej.* Le pedimos que nos explicara por qué lo había hecho, y él nos dio sus **argumentos**.

armonía [ar•mo•ní•a] / harmony

s. Cuando hay amistad, cuando hay buen entendimiento. *ej.* En este salón de clases reina la armonía, porque siempre se llega a un acuerdo. *sin.* cordialidad. *ant.* discrepancia.

armónica [ar•mó•ni•ca] / harmonica

s. Es un instrumento musical pequeño que tiene agujeros, y al soplar por ellos, se escuchan sonidos. *ej.* Si van a ir de campamento y van a encender una fogata, que alguien toque una armónica.

aroma [a•ro•ma] / aroma

s. Olor agradable. *ej.* De la cocina sale un aroma delicioso. *sin.* fragancia, perfume. *ant.* hedor, pestilencia.

arrastran [a•rras•tran] / creep

v. arrastrar Moverse tocando el suelo con todo el cuerpo. *ej.* Los lagartos se arrastran por la orilla del río.

arrebatarle [a•rre•ba•tar•le] / snatch

v. arrebatar Quitar algo con violencia. *ej.* Al arrebatarle su bolso a la señora, el ladrón se echó a correr. *sin.* arrancarle. *ant.* devolverle.

arrecifes [a•rre•ci•fes] / reefs

s. Montones de rocas o de otros materiales duros que salen del mar; son peligrosos para los barcos porque pueden dañarlos. *ej.* "¡Cuidado con los arrecifes!", gritó el marinero.

arremolinada [a•rre•mo•li•na•da] / crowded around

adj. Cuando un grupo de personas o cosas está amontonado y sin orden. *ej.* Toda la gente de mi escuela, incluidos los maestros, estaba arremolinada en la puerta de salida. *sin.* apiñada. *ant.* formada.

arriesgados [a•rries•ga•dos] / risky

adj. Que corren peligro; imprudentes. *ej.* Sólo los arriesgados corren en bicicleta en plena calle. *sin.* temerarios. *ant.* prudentes.

arroja [a•rro•ja] / throw

v. arrojar Aventar algo. *ej.* El lanzador arroja la pelota al corredor. *sin.* echa. *ant.* recibe.

arrugada [a•rru•ga•da] / crinkled

adj. Que tiene arrugas; lo contrario de lisa. *ej.* Si no guardas bien tu ropa en la maleta, cuando llegues va a estar arrugada.

arte [ar•te] / art

s. Habilidad para hacer cosas bellas a través de la pintura, música, poesía, baile, escultura, cine, etc. *ej.* En algunos museos guardan obras de arte de hace muchos años que puedes admirar.

artefacto [ar•te•fac•to] / device

s. Un aparato. *ej.* ¿Para qué sirve ese artefacto que tienes ahí? *sin.* utensilio.

artesanos [ar•te•sa•nos] / craftsmen

s. Personas que fabrican cosas con sus manos. *ej.* Los artesanos de la tribu tarahumara fabrican muñecas de madera.

asentados [a•sen•ta•dos] / situated

adj. y *v. asentar* Construir una casa, pueblo o ciudad en un lugar. *ej.* Los antiguos pueblos y ciudades casi siempre eran asentados junto a ríos o lagos. *sin.* establecidos. *ant.* mudados.

Qué + significa

- Dejar escrito algo. *ej.* Quedó **asentado** en el acta el día y la hora en que nací.
- Afirmar algo. *ej.* Ellos **asentaron** que vieron un OVNI.

aserrín [a•se•rrín] / sawdust

s. Polvo o pedazos pequeños de madera. *ej.* En el taller del carpintero siempre hay aserrín en el suelo.

asistir [a•sis•tir] / attend

v. Ir a alguna parte. *ej.* No he podido asistir a la escuela porque tengo gripe.
sin. concurrir.
ant. abandonar.

asombro [a•som•bro] / amazement

s. Una sorpresa o admiración muy grande. *ej.* Ver despegar a un avión siempre me causa asombro.

aspecto [as•pec•to] / looks

s. La manera como se ve una persona o un objeto. *ej.* Por tu aspecto sucio y lastimado, parece que te acabas de caer de la bicicleta. *sin.* apariencia.

astillas [as•ti•llas] / splinters

s. Partes pequeñas de algo que se rompe. *ej.* El leñador estuvo partiendo troncos con su hacha y quedaron muchas astillas.

astronauta [as•tro•nau•ta] / astronaut

s. Persona que viaja al espacio.
ej. Este astronauta trabaja en la NASA.
sin. cosmonauta.

astrónomo [as•tró•no•mo] / astronomer

s. Persona que estudia el espacio exterior y todo lo que hay en él (planetas, estrellas, cometas, etc.).
ej. El astrónomo maneja unos telescopios imponentes.

astuto [as•tu•to] / crafty

adj. Alguien que es muy hábil para engañar o para no dejarse engañar por otros. *ej.* Para ser espía o agente secreto debes ser muy astuto. *sin.* sagaz. *ant.* cándido.

asunto [a•sun•to] / matter

s. El tema de que se está hablando, o en lo que se ocupan.
ej. ¡Hay que resolver este asunto de los libros perdidos cuanto antes! *sin.* materia.

asustado [a•sus•ta•do] / frightened

adj. Que está asustado, tiene miedo.
ej. El gato de Mónica se veía asustado ante el perro de la casa de junto.
sin. atemorizado, impresionado.
ant. animado, atrevido.

atado [a•ta•do] / hitched

v. atar Sujetar algo con una cuerda o cinta. *ej.* Dejó el paquete atado a una silla. *sin.* sujetado. *ant.* desatado.

atajó [a•ta•jó] / stopped

v. atajar Interrumpir la actividad de alguien. *ej.* Juan atajó a Lisa para que no siguiera cantando. *sin.* detuvo.

atareada [a•ta•rea•da] / busy

adj. Que tiene muchas cosas que hacer. *ej.* Mi mamá está más atareada por las mañanas, porque tiene que hacer la comida. *sin.* ocupada. *ant.* ociosa.

atemorizó [a•te•mo•ri•zó] / frightened

v. atemorizar Dar miedo. *ej.* Con ese disfraz horroroso, Manuel atemorizó hasta a los más valientes. *sin.* asustó. *ant.* envalentonó.

atención [a•ten•ción] / attention

s. Cuando se pone la mente, vista y oídos fijos en algo para comprenderlo. *ej.* "Pongan atención a lo que les voy a decir, para que no se equivoquen al hacer la tarea", dijo la maestra. *sin.* cuidado. *ant.* distracción.

atendida [a•ten•di•da] / attended

adj. Que la atienden, que le ponen atención.
ej. "¿Está usted bien atendida?", preguntó el mesero a la señora. *sin.* cuidada.
ant. desatendida.

aterciopelado [a•ter•cio•pe•la•do] / velvety

adj. Que es suave y fino, como el terciopelo.
ej. Mi mamá compró un sofá aterciopelado.

aterrizaje [a•te•rri•za•je] / landing

s. Cuando un avión o cualquier otro artefacto volador toca tierra. *ej.* Al regreso, tuvimos un aterrizaje perfecto.

aterrorizaba [a•te•rro•ri•za•ba] / terrified

v. aterrorizar Que causa espanto o terror. *ej.* De pequeños, nos aterrorizaba la oscuridad. *sin.* horrorizaba.
ant. reconfortaba.

atestaron [a•tes•ta•ron] / mobbed

v. atestar Reunirse mucha gente en un mismo lugar.
ej. Los fanáticos del cantante atestaron el teatro.
sin. llenaron. *ant.* vaciaron.

atiborraban [a•ti•bo•rra•ban] / filled

v. atiborrar Llenar algo hasta que ya no le quepa nada más.
ej. Para las vacaciones, mis hermanos atiborraban el auto de pelotas, juegos, sombrillas y otras cosas de playa, y luego yo no cabía. *sin.* llenaban. *ant.* vaciaban.

atracamos [a•tra•ca•mos] / berth

v. atracar Hacer que un barco se orille para poder bajar o subir la carga y los pasajeros. *ej.* Con nuestro velero atracamos en la arena de la playa. *sin.* fondeamos. *ant.* zarpamos.

atraer [a•tra•er] / attract

v. Que hace que se le acerquen las cosas o la gente. *ej.* Los imanes pueden atraer el fierro y la miel puede atraer a las moscas. *sin.* captar. *ant.* repeler.

atrapar [a•tra•par] / catch

v. Capturar, detener a alguien o a algo que se escapa. *ej.* Para atrapar a un ratón, debes ser más listo que él. *sin.* capturar. *ant.* soltar.

atravesaba [a•tra•ve•sa•ba] / crossed

v. atravesar Pasar a través de algo; cruzar un lugar de una orilla a la otra. *ej.* Cuando Enrique atravesaba el bosque, le atemorizó la idea de encontrarse con un lobo feroz. *sin.* cruzaba.

atrevió [a•tre•vió] / dared

v. atrever Animarse a hacer algo; tener el valor de hacer algo. *ej.* El caballero se atrevió a luchar contra el dragón. *sin.* arriesgó. *ant.* temió.

atropelló [a•tro•pe•lló] / run over

v. atropellar Pasar por encima de alguien. *ej.* A mi perrito lo atropelló una bicicleta. *sin.* arrolló.

aturdido [a•tur•di•do] / dazed

adj. Que no se da cuenta bien de lo que pasa porque recibió un golpe o escuchó un sonido muy fuerte. *ej.* Cuando salí de la fábrica estaba aturdido de tan fuerte que se oían las máquinas. *sin.* atolondrado. *ant.* equilibrado.

audacia [au•da•cia] / audacity

s. Valentía para hacer cosas arriesgadas. *ej.* Se necesita audacia para saltar en paracaídas. *sin.* osadía. *ant.* cobardía.

augurio [au•gu•rio] / omen

s. Una señal de algo que va a suceder. *ej.* Dicen que encontrar un trébol de cuatro hojas es un buen augurio, o sea que vas a tener buena suerte. *sin.* predicción. *ant.* evidencia.

aullido [au•lli•do] / howl

s. Un sonido largo y triste que hacen los lobos, perros y otros animales. Suena como ¡"Auuuuuu!". *ej.* Cuando voy al rancho, en la noche se escucha el aullido de los lobos.

ausencia [au•sen•cia] / absence

s. Que alguien o algo no está. *ej.* Durante la ausencia de mi mamá nos vimos en apuros para tener la casa ordenada. *sin.* partida. *ant.* presencia.

autógrafo [au•tó•gra•fo] / autograph

s. Firma de un personaje famoso. *ej.* Mario le pidió el autógrafo a su jugador de beisbol favorito.

autopista [au•to•pis•ta] / highway

s. Una carretera con muchos carriles, tanto de ida como de vuelta. *ej.* A mi papá le gusta conducir en la autopista, porque dice que se llega más rápido, ya que hay menos tráfico.

autor [au•tor] / author
s. La persona que inventa algo o realiza una obra. *ej.* El autor de esta historia vive en China.

avaro [a•va•ro] / greedy
adj. Que quiere tener muchas cosas y no compartirlas. *ej.* No seas avaro, dame un poquito de tu helado. *sin.* mezquino. *ant.* generoso.

avellanas [a•ve•lla•nas] / hazelnuts
s. Es la fruta del árbol llamado avellano. Es redonda, pequeña y de cáscara dura. *ej.* ¿Has probado los chocolates rellenos de avellanas?

avena [a•ve•na] / oatmeal
s. Un cereal que normalmente se come con leche. *ej.* En las mañanas tomo mi avena, algo de fruta y me voy a la escuela.

aventuró [a•ven•tu•ró] / risked
v. aventurar Arriesgarse, poner en peligro. *ej.* El explorador tomó su mochila y se aventuró al interior de la caverna. *sin.* atrevió. *ant.* temió.

Qué + significa

Decir algo de lo que no se está seguro. *ej.* Aunque no había estudiado, **aventuró** una respuesta.

avergonzado [a•ver•gon•za•do] / embarrassed
v. avergonzar Que siente vergüenza. *ej.* Estoy avergonzado porque manché tu casa de lodo.

averiguar [a•ve•ri•guar] / find out
v. Buscar cuál es la verdad o la respuesta de algo. *ej.* Tengo que averiguar quién hizo esto. *sin.* indagar. *ant.* abandonar.

avestruz [a•ves•truz] / ostrich

s. Ave de gran tamaño, con alas pequeñas que no le permiten volar, pero que corre muy rápido con sus patas largas y fuertes. *ej.* En la clase de ciencias aprendimos cómo es el avestruz.

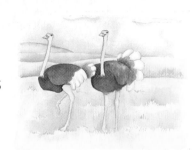

ávidamente [á•vi•da•men•te] / eagerly

adv. Hacer algo con mucha intensidad. *ej.* Comes tan ávidamente como si no hubieras probado bocado en dos días. *sin.* ansiosamente. *ant.* tranquilamente.

azadón [a•za•dón] / hoe

s. Es un instrumento que se usa en el campo. Se parece a la pala. *ej.* Necesito un azadón para desbaratar esos pedazos de tierra dura que no dejan cortar el césped.

azahares [a•za•ha•res] / orange blossoms

s. Flores blancas. Se les llama así a las flores del naranjo y del limón, principalmente. *ej.* El olor de los azahares es uno de los mejores regalos del campo.

azar [a•zar] / random

s. Casualidad. *ej.* Iba por la calle y, por azar, me encontré tirada una moneda. *sin.* eventualidad. *ant.* seguridad.

azoro [a•zo•ro] / bewilderment

s. Sorpresa, susto. *ej.* Descubrí con azoro que había un animal en la casa. *sin.* sobresalto. *ant.* tranquilidad.

azotó [a•zo•tó] / lambasted

v. azotar Golpear con fuerza. *ej.* Cuando salió, azotó la puerta tan fuerte que creíamos que estaba enojado.

bahía [ba•hí•a] / bay

s. Una parte extensa de la costa donde entra el mar.
ej. Navegamos hasta una bahía, donde pudimos atracar
el barco y bajar a tierra.

bajo [ba•jo] / bass

s. Los sonidos graves de la
música. También puede ser
una voz o instrumento musical
de sonido muy grave. *ej.* El
bajo de las bocinas hacía
vibrar las ventanas cuando
encendíamos la grabadora.

Qué + significa

- De poca altura. *ej.* Raúl es el más **bajo** de su salón.
- Un color de poca intensidad. *ej.* Me gusta el azul **bajo**, también llamado celeste.

balanceaba [ba•lan•ce•a•ba] / swings

v. balancear Moverse de un lado
a otro en forma rítmica. *ej.* En la
jungla, un mono se balanceaba en
las ramas de un árbol. *sin.* mecía.
ant. inmovilizaba.

balbucea [bal•bu•ce•a] / stammering

v. balbucear Hablar con pronunciación lenta y tardada.
ej. Cuando tiene mucho sueño, Sonia balbucea cosas que no
se entienden. *sin.* tartamudea.

baldío [bal•dí•o] / uncultivated land

adj. Terrenos vacíos, en los que no se ha construido nada.
ej. Creamos un club en el terreno baldío que está frente
a tu casa.

balero [ba•le•ro] / cup and ball toy

s. Es un juguete en el que se trata de ensartar una pieza grande
en un trozo de madera. *ej.* Diego es muy bueno jugando
balero, no falla ni una vez.

ballenato [ba•lle•na•to] / whale calf

s. La cría de una ballena. *ej.* Cuando fuimos al mar, vimos a una ballena y a su ballenato.

balsa [bal•sa] / raft

s. Árbol del que se saca una madera muy ligera. *ej.* Nos compraron unos avioncitos de madera de balsa que vuelan como si fueran reales.

bambineto [bam•bi•ne•to] / bassinet

s. Cama pequeña para bebés. *ej.* Pusimos al bebé en el bambineto y salimos a pasear.

bamboleantes [bam•bo•lean•tes] / wobbly

v. bambolear Que se mueven de un lado a otro varias veces sin cambiarse de su lugar. *ej.* A los bebés les gustan los juguetes bamboleantes. *sin.* oscilantes. *ant.* equilibrados.

banco [ban•co] / school

s. Grupo de peces que nadan juntos. *ej.* Me impresionó mucho ver a ese banco de delfines nadando y saltando.

bandada [ban•da•da] / flock

s. Un grupo de pájaros que vuelan juntos. *ej.* Cuando vi volar a la bandada de golondrinas, supe que había llegado la primavera.

Qué + significa

- Asiento largo en el que caben varias personas. *ej.* Los **bancos** de ese parque son muy cómodos.
- Lugar donde se guarda dinero. *ej.* Acompañé a mi papá a sacar dinero del **banco**.

banquete [ban•que•te] / banquet

s. Fiesta donde sirven muchos alimentos y asisten varias personas. *ej.* Cuando mis papás se casaron, hicieron un banquete. *sin.* festín.

barandal [ba•ran•dal] / handrail

s. Hilera de metal, madera u otro material que protege los balcones, pasillos y escaleras. *ej.* Bajé las escaleras apoyándome en el barandal. *sin.* barandilla, pasamanos.

barracuda [ba•rra•cu•da] / barracuda

s. Pez de gran tamaño, cuerpo delgado, boca grande con afilados dientes y de carácter agresivo que vive cerca de las costas. *ej.* Simón, el pez barracuda, parece estar enojado pero es buen amigo de los peces vecinos.

barranco [ba•rran•co] / gully

s. Grieta o pozo profundo que se forma en la tierra.
ej. Llegamos a la orilla del barranco y nos detuvimos porque ahí se terminaba el camino. *sin.* precipicio. *ant.* llanura.

barrera [ba•rre•ra] / barrier

s. Algo que no permite pasar. *ej.* Había una barrera en el camino que no permitía circular a las bicicletas. *sin.* obstáculo. *ant.* facilidad.

barretas [ba•rre•tas] / deedlebars

s. Barras de hierro que usan los albañiles y los mineros.
ej. Usaron barretas para romper el hielo que se formó en la calle.

barrio [ba•rrio] / neighborhood

s. Conjunto de personas, casas y servicios establecidos en una zona determinada. *ej.* Mi familia se mudó a un barrio en las afueras de la ciudad. Ahí hay más árboles y menos ruido.

barullo [ba•ru•llo] / racket

s. Relajo, desorden. *ej.* Este cuarto es un barullo y no sé cómo arreglarlo. *sin.* confusión. *ant.* orden.

base [ba•se] / base

s. Parte que sirve de apoyo. *ej.* La base del jarrón se rompió y el agua empezó a salir. *sin.* asiento.

bastante [bas•tan•te] / a lot

adj. Mucho de alguna cosa. *ej.* Por hoy ya jugamos bastante. *sin.* suficiente. *ant.* poco.

baúl [ba•úl] / trunk

s. Es un mueble que sirve para guardar cosas. Es plano en su parte de abajo y curvo en su parte de arriba. *ej.* Los piratas usaban un baúl para esconder sus tesoros.

bichos [bi•chos] / critters

s. Insectos o animales muy pequeños. *ej.* El monte está lleno de todo tipo de bichos.

binoculares [bi•no•cu•la•res] / binoculars

s. Aparato para ver con los dos ojos lo que está lejos. *ej.* El explorador usa sus binoculares para observar al león.

bisabuelo [bi•sa•bue•lo] / great-grandfather

s. El papá de tu abuelo o de tu abuela.
ej. Mi bisabuelo aún vive, ya casi cumple 100 años.

bisturí [bis•tu•rí] / scalpel

s. Cuchillo pequeño que usan los médicos en las cirugías. *ej.* El Dr. Robles tiene mano firme cuando sostiene el bisturí.

bizca [biz•ca] / cross-eyed

adj. Que tuerce los ojos al mirar. *ej.* No está jugando a ver para arriba, es que es bizca.

boquiabierto [bo•quia•bier•to] / open-mouthed

adj. Que tiene la boca abierta porque está sorprendido.
ej. Mi amigo Pablo se quedó boquiabierto cuando vio lo que le regalé. *sin.* embobado. *ant.* indiferente.

bordos [bor•dos] / bumps

s. Bardas de palos, tierra y piedras que se hacen a la orilla de los ríos. *ej.* Caminamos cerca de los bordos para ver si había peces en el río.

botánica [bo•tá•ni•ca] / botany

s. La ciencia que estudia las plantas. *ej.* Quiero tener un huerto, así que primero voy a estudiar un poco de botánica.

brasas [bra•sas] / live coal

s. En el sentido figurado que se usa en los cuentos significa "algo que está totalmente rojo". En sentido real es la leña o carbón encendidos. *ej.* Pedro está enfermo, tiene fiebre y sus ojos están como brasas. *sin.* llamas.

brazadas [bra•za•das] / stroke

s. Movimiento de extender y recoger los brazos al nadar. *ej.* Jorge ganó la competencia de natación por dos brazadas.

bribón [bri•bón] / rascal

adj. Persona traviesa, pícara. *ej.* No seas bribón, ya dile dónde escondiste su muñeca. *sin.* pillo. *ant.* honesto.

brillante [bri•llan•te] / glittering

adj. Que brilla. *ej.* La rana Remedios cazaba moscas en una brillante hoja del estanque. *sin.* resplandeciente. *ant.* opaco.

brincó [brin•có] / pranced

v. **brincar** Dar saltos. *ej.* El basquetbolista brincó muy alto y anotó una canasta. *sin.* saltó.

brisa [bri•sa] / breeze

s. Viento suave. *ej.* En días de calor me gusta subir a esta colina, porque siempre hay brisa fresca.

brújula [brú•ju•la] / compass

s. Aparato que tiene una aguja magnética que señala siempre hacia el Polo Norte. *ej.* Nunca olvido llevar una brújula cuando voy de campamento.

bruma [bru•ma] / mist
s. Niebla, o también cuando hay mucho vapor en el aire.
ej. La bruma flota sobre el mar y dificulta la navegación.

brusco [brus•co] / rough
adj. Que es tosco. *ej.* Tienes mucha fuerza y no sabes controlarla, por eso eres brusco. *sin.* violento. *ant.* agradable.

bucear [bu•cear] / dive
v. Nadar por debajo del agua.
ej. Ayer me enseñaron a bucear en la alberca honda.

bufando [bu•fan•do] / snorting
v. bufar Respirar con fuerza y con ruido. *ej.* Marina hizo un gran esfuerzo en la carrera y terminó bufando. *sin.* resoplando.

bulliciosas [bu•lli•cio•sas] / bustling
adj. Que causan ruido o alboroto.
ej. Las cotorras son muy bulliciosas.
sin. escandalosas. *ant.* calladas.

buscó [bus•có] / searched
v. buscar Tratar de encontrar algo o a alguien. *ej.* Buscó en todos los cajones, hasta que lo encontró. *sin.* escudriñó. *ant.* desistió.

butacas [bu•ta•cas] / box seats
s. Muebles para sentarse que tienen una pieza para apoyar los brazos. *ej.* Fuimos al cine y todas las butacas estaban ocupadas.

cabina [ca•bi•na] / cockpit

s. Un cuarto muy pequeño.
ej. El avión tiene una cabina donde
va el piloto.

cacareo [ca•ca•re•o] / cluck

s. Es el sonido o voz de las gallinas. *ej.* Si escuchas el cacareo
de las gallinas, es que puede andar un zorro cerca.

cacharros [ca•cha•rros] / junk

s. Vasijas mal hechas, toscas. *ej.* Fui a una tienda donde
vendían puros cacharros. *sin.* cachivaches.

cachivache [ca•chi•va•che] / trinket

s. Cosa que no sirve o que vale muy
poco. *ej.* Mejor tira ese cachivache
y compra algo nuevo. *sin.* cacharro.

cactos [cac•tos] / cactus

s. Tipo de plantas con espinas,
como el nopal y otras especies de la
misma familia. *ej.* Los cactos nacen
en el desierto.

cal [cal] / lime

s. Sustancia blanca que cuando se mezcla con agua
genera calor. *ej.* Pusieron cal alrededor de la cancha
de futbol.

calambres [ca•lam•bres] / cramps

s. Dolor en los músculos, casi siempre de las piernas. *ej.* Tuve
que dejar de correr porque me dieron calambres.

calamidad [ca•la•mi•dad] / calamity

s. Situación que causa malestar a muchas personas. **ej.** ¡Qué calamidad! Las fuertes lluvias dejaron la playa destrozada. **sin.** desastre. **ant.** alegría.

Persona que hace mal las cosas. **ej.** Julieta es una **calamidad** para las artes manuales. Dibujó un elefante que parece oso.

calas [ca•las] / coves

s. Un tipo de planta acuática. **ej.** Desde la cubierta del barco, miraba el mar y las calas.

calidoscopio [ca•li•dos•co•pio] / kaleidoscope

s. Tubo que tiene dentro espejos y figuras de diferentes formas. Tiene un orificio en un extremo por el que se puede ver una gran variedad de figuras y colores cada vez que se gira el tubo. **ej.** Con mi calidoscopio me imagino en una aventura espacial.

calmamos [cal•ma•mos] / abated

v. calmar Tranquilizarse. **ej.** Después de la tarea, nos calmamos durmiendo una siesta. **sin.** sosegamos. **ant.** intranquilizamos.

camaleón [ca•ma•león] / chameleon

s. Reptil pequeño con escamas en la piel que cambia de color para confundirse con el medio ambiente que lo rodea. **ej.** Juan vio cómo el camaleón se ponía del mismo color verde de las hojas sobre las que pasaba.

camarote [ca•ma•ro•te] / cabin

s. Los cuartos pequeños que hay en los barcos para dormir. *ej.* El capitán se metió a su camarote.

cambalache [cam•ba•la•che] / swap

s. Cambiar un objeto por otro. *ej.* Vamos a hacer un cambalache: te doy 10 canicas por tu balón. *sin.* trueque. *ant.* compra.

cambiando [cam•bian•do] / switching

v. cambiar Dejar una cosa para tomar otra. *ej.* Te la pasas cambiando los canales de la TV, ¿no te gusta nada?

camello [ca•me•llo] / camel

s. Animal de cuatro patas, más alto que un caballo, que tiene dos jorobas en la espalda. *ej.* La gente del desierto viaja en camello.

campanario [cam•pa•na•rio] / belfry

s. Es una construcción alta donde se ponen las campanas. *ej.* En el campanario de esa iglesia sólo hay una campana.

campeonato [cam•peo•na•to] / championship

s. Una competencia o ganar la competencia. *ej.* Jorge va a participar en el campeonato de karate, y Luis se quedó con el campeonato de boxeo.

campesino [cam•pe•si•no] / peasant

s. Una persona que trabaja sembrando el campo o criando ganado. *ej.* Mi abuelo era campesino, cultivaba maíz en un rancho. *sin.* labrador. *ant.* citadino.

canarios [ca•na•rios] / canary

s. Pájaro pequeño, color amarillo y de canto agradable. *ej.* En el patio de la casa de Lory hay una jaula llena de canarios.

canturrea [can•tu•rre•a] / sing softly

v. canturrear Cantar en voz baja. *ej.* El chofer del autobús escolar canturrea cuando maneja.

cañón [ca•ñón] / canyon

s. Es un hueco profundo que se forma entre dos montañas y por el que corre un río. *ej.* Para bajar a lo profundo del cañón necesitamos cuerdas. *sin.* cañada.

caoba [ca•o•ba] / mahogany

s. Nombre de un árbol muy alto que da una madera fina. A esa madera también se le llama caoba. *ej.* Los muebles de caoba son caros, pero son resistentes.

caparazón [ca•pa•ra•zón] / caparison

s. Cubierta dura que protege a algunos animales, como la tortuga. *ej.* El joven caracol viaja feliz sobre el caparazón de la anciana tortuga. *sin.* coraza.

capaz [ca•paz] / capable

adj. Que tiene talento o habilidad para algo. *ej.* Todas bailan muy bien, pero Carmen es la más capaz. *sin.* apta. *ant.* incapaz.

captar [cap•tar] / perceive

v. Darse cuenta de algo. *ej.* Pon mucha atención para que puedas captar todo lo que pasa. *sin.* percibir. *ant.* distraer.

carácter [ca•rác•ter] / character

s. La forma de ser de una persona. *ej.* Samuel es de carácter alegre y relajado. *sin.* temperamento.

caracterizaba [ca•rac•te•ri•za•ba] / characterized

v. caracterizar Lo que hace a alguien distinto a los demás. *ej.* De niña, la tía Paty se caracterizaba por ser gordita y porque siempre estaba comiendo dulces. *sin.* distinguía. *ant.* confundía.

carcajadas [car•ca•ja•das] / guffaws

s. Risa muy fuerte y ruidosa. *ej.* Era tan gracioso que nos hizo reír a carcajadas.

caricaturista [ca•ri•ca•tu•ris•ta] / cartoonist

s. Persona que dibuja caricaturas. *ej.* Me gustan mucho los dibujos de ese caricaturista, parecen muy reales.

caridad [ca•ri•dad] / charity

s. Ser buenos con los demás, dar ayuda a los necesitados. *ej.* Afuera estaba un hombre pobre que decía "Deme una ayuda, por caridad". *sin.* compasión. *ant.* egoísmo.

carretilla [ca•rre•ti•lla] / wheelbarrow
s. Carro pequeño con una sola llanta, que tiene un cajón para llevar materiales y dos barras para agarrarse. *ej.* Mariano, el albañil, carga cemento y piedras en la carretilla.

cascada [cas•ca•da] / waterfall
s. Agua de un río que cae de una parte alta a otra más baja. *ej.* El río nace en la montaña, baja hasta una orilla y de ahí cae muchos metros, formando una cascada.

cascarones [cas•ca•ro•nes] / shells
s. La cáscara de un huevo. *ej.* A los cascarones de huevo vacíos podemos pintarlos y hacer huevos de Pascua.

cascarrabias [cas•ca•rra•bias] / grouch
adj. Alguien que se enoja mucho. *ej.* El señor de la tienda es muy cascarrabias, ten cuidado de no tocar nada. *sin.* regañón. *ant.* alegre.

casimir [ca•si•mir] / cashmere
s. Tela de pelo de cabra. *ej.* Los suéteres de casimir son muy caros.

castañeteaban [cas•ta•ñe•tea•ban] / chattered
v. castañetear Sonido que se hace con los dientes, cuando pegan los de arriba con los de abajo. *ej.* Hacía tanto frío, que me castañeteaban los dientes.

castigado [cas•ti•ga•do] / punished
v. castigar Que se le puso un castigo por haber hecho algo indebido. *ej.* Como está castigado, no puede salir a jugar. *sin.* reprendido. *ant.* perdonado.

casualidad [ca•sua•li•dad] / chance

s. Cuando sucede algo inesperado. **ej.** ¡Qué casualidad! Los dos compramos una camisa igualita. **sin.** azar. **ant.** intencionalidad.

catalejo [ca•ta•le•jo] / spyglass

s. Instrumento de un solo anteojo con el que se pueden ver cosas que están bastante lejos. **ej.** El capitán del barco sonrió al ver por su catalejo la famosa Estatua de la Libertad.

cataplasmas [ca•ta•plas•mas] / poultice

s. Un tipo de medicamento que se usa por fuera del cuerpo. Es una masa blanda envuelta en tela que se pone junto a la parte lastimada. **ej.** Mi abuela usa cataplasmas para que se le quite el dolor de cabeza.

categorías [ca•te•go•rí•as] / categories

s. Las clases en que algo se divide. **ej.** Pueden concursar en tres categorías: niños, jóvenes y adultos. **sin.** jerarquías.

caucho [cau•cho] / rubber

s. Especie de plástico que producen algunos árboles. **ej.** El caucho se usa para fabricar llantas de vehículos.

cautela [cau•te•la] / caution

s. Tener cuidado al hacer algo. **ej.** Camina con cautela para no despertarlos. **sin.** precaución. **ant.** descuido.

cavernas [ca•ver•nas] / caves

s. Un hueco profundo en una montaña o bajo tierra. *ej.* Los hombres primitivos vivían en cavernas. *sin.* cuevas.

cazador [ca•za•dor] / hunter

s. Una persona que busca animales para atraparlos. *ej.* El cazador cargó su mochila y sus trampas y se fue al monte a buscar zorros.

celebraron [ce•le•bra•ron] / celebrated

v. celebrar Festejar algo. *ej.* Hoy celebraron el cumpleaños de los gemelos Díaz y dicen que la fiesta estuvo divertida. *sin.* conmemoraron. *ant.* olvidaron.

celebridad [ce•le•bri•dad] / celebrity

s. Alguien que es famoso o famosa. *ej.* Cuando eres un buen futbolista te conviertes en celebridad. *sin.* importante. *ant.* desconocido.

ceniza [ce•ni•za] / ashes

s. Polvo gris que queda después de quemar algo. *ej.* En la chimenea ya no hay troncos ni fuego, sólo ceniza.

censo [cen•so] / census

s. Una lista donde se anota a todas las personas que viven en un país. *ej.* Vinieron los encargados del censo y nos hicieron muchas preguntas.

centelleaba [cen•te•llea•ba] / sparkle

v. centellear Que emite brillos o destellos. *ej.* Ese diamante centelleaba con mucha intensidad. *sin.* brillaba. *ant.* oscurecía.

ceño [ce•ño] / frown

s. Gesto de enojo que se hace arrugando la frente. *ej.* Mi papá arrugó el ceño cuando vio mis calificaciones.

cerebro [ce•re•bro] / brain

s. Parte del cuerpo que está dentro de la cabeza y sirve para pensar. *ej.* Para resolver este caso voy a necesitar de todo mi cerebro, pensó el detective.

ceremonia [ce•re•mo•nia] / ceremony

s. Una actividad muy seria en la que se reúne un grupo de personas y siguen ciertas reglas para celebrar algo. *ej.* La ceremonia del matrimonio es distinta en cada lugar del mundo. *sin.* rito.

ceremonial [ce•re•mo•nial] / ceremonial

adj. Que se usa en ceremonias. *ej.* Este es mi traje ceremonial, sólo lo uso en bodas y ocasiones especiales.

cereza [ce•re•za] / cherry

s. Fruto redondo, de color rojo y sabor dulce. *ej.* Me sirvieron un helado con una cereza encima.

chácharas [chá•cha•ras] / gewgaws

s. Cosas viejas que no valen mucho. *ej.* Le regalamos las chácharas a un señor que pasó con un carretón. *sin.* cachivaches.

chamuscados [cha•mus•ca•dos] / burned

adj. Que se quemaron un poco. *ej.* Los elotes chamuscados, a pesar de que se ven negros, tienen buen sabor. *sin.* quemados.
ant. crudos.

chaparro [cha•pa•rro] / short

adj. Persona de poca estatura. *ej.* Tiene 7 años, pero parece de 5, porque es chaparro.

chaparrón [cha•pa•rrón] / downpour

s. Lluvia fuerte pero que termina pronto. *ej.* Tuvimos que suspender el partido porque cayó un chaparrón que dejó inundada la cancha.

chapoteaban [cha•po•tea•ban] / splashed

v. chapotear Hacer ruido con el agua, al pegarle con las manos o los pies.
ej. Llovía y los niños chapoteaban en los charcos.

charló [char•ló] / chattered

v. charlar Cuando dos o más personas hablan de cosas sin importancia, sólo por pasar el tiempo. *ej.* En Internet, mi hermana mayor charló con un amigo de Brasil.

charros [cha•rros] / charros

s. y adj. En México, se llama así a los hombres que andan a caballo y usan sombrero ancho y redondo, pantalón y chaqueta con adornos y botas. *ej.* Los charros dieron una demostración de sus habilidades.

chasquido [chas•qui•do] / crack

s. Es un sonido, como el que hace un látigo, una cuerda de brincar al ser usada o algunos objetos al romperse. *ej.* Cuando los leones escucharon el chasquido del látigo del domador, obedecieron sus órdenes.

chilindrinas [chi•lin•dri•nas] / chilindrinas

s. Un tipo de pan. *ej.* Para comer chilindrinas tienes que ir a una panadería de las de antes.

chillidos [chi•lli•dos] / screeching

s. Es un sonido agudo que se hace con la voz. *ej.* Pensé que el bebé estaba llorando, pero los chillidos eran de un gato que estaba en el jardín. *sin.* gritos. *ant.* silencio.

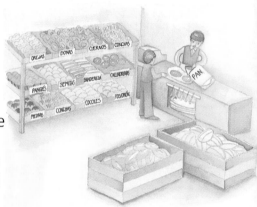

chirrió [chi•rrió] / squawked

v. chirriar Cantar feo o chillar. *ej.* Hay pájaros que cantan bonito, pero el que escuchamos chirrió.

chistoso [chis•to•so] / funny

adj. Que hace reír. *ej.* Ese es el payaso más chistoso que conozco. *sin.* gracioso. *ant.* aburrido.

Qué + significa

Que es raro, poco común. *ej.* Sucedió algo **chistoso**: vimos a una jirafa caminando por la calle.

chupamirto [chu•pa•mir•to] / hummingbird

s. Pájaro muy pequeño, con pico largo, que come insectos. *ej.* Un chupamirto es como un helicóptero, porque se puede sostener volando sobre un mismo lugar. *sin.* colibrí.

ciencia [cien•cia] / science

s. El conjunto de los conocimientos acerca de algo. *ej.* La ciencia del espacio, los planetas y las estrellas es la astronomía. *sin.* estudio. *ant.* ignorancia.

ciertos [cier•tos] / certain

adj. Algunas personas, animales u objetos que no se indican con precisión. *ej.* Ciertos gatos son muy flojos. *sin.* algunos. *ant.* ningún.

cima [ci•ma] / top

s. La parte más alta de los cerros y montañas. *ej.* Logré subir hasta la cima de la montaña más alta del país. *sin.* cumbre. *ant.* fondo.

ciñó [ci•ñó] / tight-fitted

v. ceñir Que algo ajustó o apretó la cintura, la ropa o el cuerpo. *ej.* Manuel ciñó sus pantalones con un cinto vaquero, se puso sombrero y salió.

circo [cir•co] / circus

s. Es un espectáculo con animales, payasos, magia y acrobacias que se presenta dentro de una carpa. *ej.* Lo que más me gustó del circo fue cuando salió el oso que baila.

cirujanos [ci•ru•ja•nos] / surgeons

s. Médicos que pueden practicar operaciones en los pacientes para curar una enfermedad. *ej.* Dos cirujanos me operaron la pierna fracturada.

clamor [cla•mor] / roar

s. Gritos y ruidos fuertes. *ej.* Cuando anotaron gol, se escuchó el clamor del público. *sin.* vocerío. *ant.* silencio.

clave [cla•ve] / clue

s. Signo o pista que ayuda a comprender algo. *ej.* La clave para resolver el misterio fueron unas huellas que encontramos junto a la casa. *sin.* explicación.

Qué + significa

Algo que es muy importante. *ej.* El siguiente partido será **clave** para ganar o perder el campeonato.

clemente [cle•men•te] / merciful

adj. Que se compadece y sabe perdonar. *ej.* Era un rey muy clemente, siempre perdonaba a los prisioneros y les daba la oportunidad de hacer algo bueno para la comunidad. *sin.* bondadoso. *ant.* inclemente.

clima [cli•ma] / weather

s. La temperatura de un lugar. *ej.* El clima puede ser frío, caliente, templado, lluvioso y hasta con nieve. *sin.* tiempo.

cobertizo [co•ber•ti•zo] / shed

s. Un techo para protegerse de la lluvia o del mal tiempo en general. *ej.* Nos metimos bajo un cobertizo porque escuchamos un trueno. *sin.* tejado, refugio.

cocimiento [co•ci•mien•to] / infusion

s. Un líquido cocido con hierbas medicinales que se toma. *ej.* Me dieron un cocimiento para que se me quitara la gripe.

códices [có•di•ces] / codex

s. Libros muy antiguos, escritos a mano.
ej. Los aztecas hacían sus códices con
dibujos sobre una piel de venado.

codificado [co•di•fi•ca•do] / codified

adj. Que está escrito en un lenguaje
especial o secreto, usando un código.
ej. Ese mensaje está codificado,
seguramente lo manda un espía a otro.

código [có•di•go] / code

s. Son los signos que forman un lenguaje secreto o especial,
y las reglas para saber usarlos. *ej.* En este libro está el código
que te permitirá leer los mensajes.

colgando [col•gan•do] / dangling

v. colgar Sostener algo en el aire sin que llegue al suelo.
ej. En la puerta de mi casa hay dos campanas colgando.
sin. pendiendo. *ant.* descolgando.

colina [co•li•na] / hill

s. Una montaña muy pequeña. *ej.* A esa colina puedo subir
hasta en bicicleta.

colmo [col•mo] / enough

s. Se dice que algo es el colmo cuando ya llegó a su límite.
ej. "¡Esto es el colmo! ¡Ya me voy!", dijo Paty cuando se
cansó de esperar a Roberto.

comarca [co•mar•ca] / region

s. Es una zona o territorio donde se
establecen varios pueblos. *ej.* Esta
comarca abarca desde ese cerro hasta
aquel otro.

combinación [com•bi•na•ción] / combination

s. La unión de varios objetos. *ej.* La combinación de limón y cacahuates me gusta mucho. *sin.* mezcla. *ant.* separación.

Clave que permite abrir un candado o caja fuerte. *ej.* No pudieron robar la caja fuerte porque nadie conocía la **combinación**.

combustible [com•bus•ti•ble] / fuel

s. Sustancia que se le pone a los vehículos de motor para que funcionen. *ej.* Cuando se le acabó el combustible, el auto dejó de rodar.

comenta [co•men•ta] / discusses

v. comentar Hacer un comentario; opinar o explicar algo. *ej.* Comenta lo que comprendiste de la lectura. *sin.* expón.

compartía [com•par•tí•a] / shared

v. compartir Dar de lo que se tiene a otros. *ej.* Leonor siempre compartía sus juguetes con sus amigas. *sin.* repartía. *ant.* quitaba.

compás [com•pás] / rhythm

s. El ritmo musical. *ej.* En mi clase de baile, la maestra nos marca el compás contando y moviendo la mano.

Un instrumento que sirve para dibujar círculos. *ej.* Compré un **compás** pequeño, para mi clase de dibujo.

compleja [com•ple•ja] / complex

adj. Que es complicada. *ej.* Nos encargaron una tarea muy compleja. Voy a pedirle ayuda a mi papá. *sin.* difícil. *ant.* fácil.

complementaria [com•ple•men•ta•ria] / complementary

adj. Que sirve para completar o perfeccionar alguna cosa.
ej. Si no entiendes las matemáticas, te voy a llevar a una clase complementaria. *sin.* adicional. *ant.* fundamental.

complicado [com•pli•ca•do] / complicated

adj. Que es difícil de comprender. *ej.* Ese libro es bastante complicado, casi no comprendí nada. *sin.* complejo. *ant.* fácil.

comportamiento [com•por•ta•mien•to] / behavior

s. La manera como se comportan o actúan las personas.
ej. "Si tienen buen comportamiento, recibirán puntos extras", dijo la maestra.

compraventa [com•pra•ven•ta] / buying and selling

s. Comprar y vender cosas antiguas o usadas. *ej.* Mi hermano puso un negocio de compraventa de discos compactos.

comprender [com•pren•der] / understand

v. Entender algo. *ej.* Para comprender lo que pasaba, tuve que preguntarle a varias personas. *sin.* conocer. *ant.* ignorar.

conclusión [con•clu•sión] / conclusion

s. El final de algo. *ej.* Me gustó la conclusión de la película, porque todos acabaron contentos. *sin.* desenlace.
ant. comienzo.

concretamente [con•cre•ta•men•te] / specifically

adv. Con precisión, sin rodeos. *ej.* Dime concretamente lo que quieres. *sin.* precisamente. *ant.* vagamente.

concurrido [con•cu•rri•do] / crowded

adj. Un lugar al que va mucha gente. *ej.* El rodeo estuvo muy concurrido. *sin.* visitado. *ant.* tranquilo.

concurso [con•cur•so] / contest

s. Competencia entre varias personas para conseguir un premio. *ej.* Gané el concurso de ortografía y me regalaron un diccionario. *sin.* certamen.

condecoración [con•de•co•ra•ción] / medal

s. Una medalla o insignia que alguien gana por hacer algo bueno para la comunidad. *ej.* El bombero recibió una condecoración por haber salvado a una familia.

confiado [con•fia•do] / confident

adj. Que se siente tranquilo y seguro de lo que hace. *ej.* Toño se veía confiado antes de la competencia de atletismo. *sin.* sereno. *ant.* inseguro.

conformar [con•for•mar] / settle for

v. Resignarse a algo. *ej.* Se tuvo que conformar con comer la carne medio quemada, porque la dejaron mucho tiempo en el asador. *sin.* acceder. *ant.* negar.

conforme [con•for•me] / according to

adv. Significa lo mismo que *como, según, a medida que.* *ej.* Conforme pasan los días, nos hacemos más viejos.

Estar de acuerdo con algo. *ej.* Estoy **conforme** con la calificación que me pusieron.

confortable [con•for•ta•ble] / comfortable

adj. Que es cómodo. *ej.* Este sillón es tan confortable que no me quiero levantar. *sin.* agradable. *ant.* incómodo.

confundido [con•fun•di•do] / confused

v. confundir Mezclar varias cosas de manera que no se pueden distinguir unas de otras. *ej.* Mi hermano Juan está confundido, quiere ser médico, cantante y carpintero al mismo tiempo. *sin.* desorientado. *ant.* definido.

conjunto [con•jun•to] / group

s. Un grupo de personas, animales u objetos. *ej.* Un conjunto musical es un grupo de personas que tocan diferentes instrumentos. *sin.* equipo. *ant.* elemento.

conmigo [con•mi•go] / with me

pron. Quiere decir lo mismo que la palabra *yo*, pero se usa de manera diferente. *ej.* "Ven conmigo." (Decir "Ven con yo" es incorrecto.)

conmovido [con•mo•vi•do] / moved

adj. Cuando algo provoca compasión. *ej.* Después de ver cómo ayudaste a la niña que usa muletas, quedé conmovido. *sin.* enternecido. *ant.* indiferente.

conocida [co•no•ci•da] / well known

adj. Que la gente la reconoce por alguna cosa o característica en especial. *ej.* Nuestra maestra de música es conocida por sus canciones para niños. *sin.* popular. *ant.* desconocida.

conocimiento [co•no•ci•mien•to] / knowledge

s. Lo que una persona sabe acerca de un tema. *ej.* Tengo mucho conocimiento sobre dinosaurios porque leí un libro de este tema. *sin.* información. *ant.* ignorancia.

consejo [con•se•jo] / council

s. Un grupo de personas que se reúnen para ayudar a dirigir, guiar o administrar algo. *ej.* El consejo de la tribu decidió que había que marcharse. *sin.* asamblea.

consideró [con•si•de•ró] / considered

v. considerar Pensar sobre una situación con atención. *ej.* El rey consideró que debía perdonar a sus prisioneros. *sin.* meditó. *ant.* ignoró.

consolarlo [con•so•lar•lo] / console

v. consolar Acompañar a alguien cuando sufre para ayudarlo a que se sienta mejor. *ej.* A Rodrigo necesitamos consolarlo porque perdió a su mascota. *sin.* animarlo. *ant.* apenarlo.

constelaciones [cons•te•la•cio•nes] / constellations

s. Grupo de estrellas que forman figuras en el cielo, como si fueran dibujos de animales, personas, etc. *ej.* En las noches en que no hay nubes, podemos ver las constelaciones de la Osa mayor y de la Osa menor.

consternado [cons•ter•na•do] / worried
adj. Que está alterado, intranquilo. *ej.* Quedé consternado después de que casi me atropella un auto. *sin.* desolado. *ant.* animado.

construye [cons•tru•ye] / builds

v. construir Fabricar, hacer algo con materiales. *ej.* Mi papá construye casas y también máquinas. *sin.* edifica. *ant.* destruye.

consultar [con•sul•tar] / consult
v. Pedir consejo a alguien o buscar información para resolver un problema. *ej.* Pedro decidió consultar varios libros sobre los mamíferos para preparar su tarea escolar. *sin.* examinar. *ant.* desdeñar.

contagió [con•ta•gió] / transmitted
v. contagiar Cuando alguien está enfermo y pasa su enfermedad a otras personas. *ej.* No debiste haber ido a casa de Pablo porque tiene gripe y ya te contagió. *sin.* contaminó. *ant.* inmunizó.

contaron [con•ta•ron] / told
v. contar Platicar algo. *ej.* Cuando regresaron, nos contaron lo que vieron en su viaje. *sin.* narraron. *ant.* callaron.

contempló [con•tem•pló] / contemplated

v. contemplar Mirar algo durante mucho tiempo y con atención. *ej.* El paisaje era tan bonito que lo contempló por mucho rato. *sin.* admiró. *ant.* despreció.

contenido [con•te•ni•do] / contents

s. Hoja donde dice todo lo que viene adentro de un libro o revista y el número de su página, para que el lector pueda buscarlo. *ej.* Vi la hoja de contenido, me llamó la atención y compré el libro. *sin.* índice.

contemporáneo [con•tem•po•rá•neo] / contemporary

adj. Que pertenece a la época actual. *ej.* Fui al museo de arte contemporáneo y me gustaron algunas esculturas. *sin.* moderno. *ant.* pasado.

contorno [con•tor•no] / outline

s. Línea que rodea a una figura. *ej.* Puse un papel transparente sobre la fotografía del elefante y luego copié su contorno. *sin.* silueta. *ant.* interior.

contrajo [con•tra•jo] / caught

v. contraer Conseguir o atrapar una enfermedad, una costumbre o una deuda. *ej.* Por comer cosas en la calle, contrajo tifoidea. Por pedir dinero prestado, contrajo una deuda. *sin.* adquirió. *ant.* perdió.

convencido [con•ven•ci•do] / convinced

v. convencer Hacer que alguien cambie de opinión. Estar convencido es creer en algo. *ej.* Cristóbal Colón estaba convencido de que la Tierra es redonda. *sin.* persuadido. *ant.* disuadido.

conversa [con•ver•sa] / talks

v. conversar Que una persona habla con otra. *ej.* Sofía conversa con sus amigas sobre el festival navideño. *sin.* habla. *ant.* calla.

convertirse [con•ver•tir•se] / turn into
v. convertir Transformar, cambiar de ser una cosa a ser otra. *ej.* El patito feo va a convertirse en un bello cisne. *sin.* mudarse. *ant.* quedarse.

convidó [con•vi•dó] / invited
v. convidar Invitar a alguien a participar en una actividad o en una celebración. *ej.* Laura nos convidó a comer de su helado. Paul nunca nos convida de lo que tiene. *sin.* ofreció. *ant.* negó.

convicción [con•vic•ción] / conviction
s. Estar seguros de algo. *ej.* Tengo la convicción de que puedo ganar ese partido. *sin.* convencimiento. *ant.* incertidumbre.

convincente [con•vin•cen•te] / convincing
adj. Que convence, que se le cree lo que dice. *ej.* Fue tan convincente, que todos aceptamos ir con él a ver esa película. *sin.* concluyente. *ant.* debatible.

convivido [con•vi•vi•do] / coexisted with
v. convivir Que ha vivido con otras personas. *ej.* La maestra Rosa ha convivido varios años con niños que vienen de otros países.

convocó [con•vo•có] / convene
v. convocar Decir a una o varias personas que se reúnan en un lugar a cierta hora. *ej.* El alcalde nos convocó a asistir a la inauguración del puente. *sin.* llamó. *ant.* dispersó.

cooperar [co•o•pe•rar] / cooperate
v. Trabajar juntos para lograr una meta. *ej.* Todos vamos a cooperar para construir la casa del árbol. *sin.* ayudar. *ant.* abandonar.

copos [co•pos] / snowflakes

s. Cuando nieva, la nieve no cae toda junta, sino en pequeñas porciones, llamadas copos. *ej.* Me quedé viendo cómo los copos de nieve chocaban contra mi ventana.

coquetos [co•que•tos] / charming

adj. Que cuidan mucho su aspecto y se arreglan para verse bien. *ej.* Dice mi mamá que cuando nos bañamos y peinamos nos vemos muy coquetos. *sin.* vanidosos. *ant.* discretos.

corales [co•ra•les] / corals

s. Habitantes del fondo del mar que parecen plantas, pero son duros y de variados colores. *ej.* Los buzos toman fotos de los corales del mar. Nosotros las vemos después en los libros.

corcho [cor•cho] / cork

s. Es un material suave que producen algunos árboles. *ej.* La suela de mis zapatos tiene corcho, así camino más cómodo.

corcholatas [cor•cho•la•tas] / bottle top

s. Tapones metálicos con que vienen cerradas algunas botellas, como los refrescos. *ej.* Junta las corcholatas de los refrescos que tomen en tu casa, para luego jugar con ellas.

corearon [co•rea•ron] / chanted

v. corear Cantar, recitar o hablar a la vez. *ej.* Cuando Manuel propuso salir a jugar bajo la lluvia, sus amigos corearon: ¡No!

cornisa [cor•ni•sa] / cornice

s. Parte que sale de una pared o de un edificio. *ej.* Las palomas descansan en la cornisa del edificio de la biblioteca.
sin. moldura, voladizo.

corpulento [cor•pu•len•to] / stocky

adj. Persona o animal que tiene un cuerpo grande y fuerte. *ej.* Al corpulento oso panda le costó trabajo alcanzar la rama de bambú.
sin. robusto. *ant.* delgado.

correspondientes [co•rres•pon•dien•tes] / corresponding

adj. Que dos o más cosas están relacionadas entre sí. *ej.* Cuando pongo la mesa, a cada plato le tocan sus vasos correspondientes, porque son del mismo color.
sin. iguales. *ant.* desiguales.

correteó [co•rre•teó] / scampered

v. corretear Correr detrás de alguien o algo. *ej.* Mi perro correteó detrás del carro de mi papá. *sin.* persiguió. *ant.* paró.

corriente [co•rrien•te] / current

s. Una cantidad de agua o de aire que se mueve en cierta dirección. *ej.* No se metan a nadar al río, porque lleva mucha agua y una corriente podría arrastrarlos lejos.

Qué + significa

Que sucede muy seguido. *ej.* En Alaska, la nieve es algo común y **corriente**.

cortés [cor•tés] / polite

adj. Que es amable y educado. *ej.* Pablito es un niño muy cortés, siempre se adelanta a abrirnos la puerta. *sin.* atento.
ant. descortés.

cosecha [co•se•cha] / harvest

s. Los frutos que dan los árboles o plantas que se siembran en el campo, en la huerta, etc. *ej.* Como llovió mucho, la cosecha de naranjas va a ser muy buena este año.

costado [cos•ta•do] / side

s. Cada uno de los lados del cuerpo: costado derecho y costado izquierdo. *ej.* La puerta era tan estrecha que teníamos que entrar de costado.

costumbre [cos•tum•bre] / habit

s. Un hábito, algo que siempre se hace. *ej.* Algunas tribus indígenas tenían por costumbre poner a sus hijos nombres de animales. *sin.* tradición. *ant.* rareza.

cotidianos [co•ti•dia•nos] / habit

adj. Lo que se hace a diario. *ej.* Tender mi cama, ir a la escuela y hacer la tarea son mis trabajos cotidianos. *sin.* acostumbrados. *ant.* inusuales.

creativa [cre•a•ti•va] / creative

adj. Que tiene capacidad de inventar o crear algo, o que provoca que se hagan cosas. *ej.* Gabriela es una persona muy creativa: hace dibujos, escribe historias, compone canciones. *sin.* original. *ant.* imitadora.

creencias [cre•en•cias] / beliefs

s. Hechos que la gente piensa que son reales o verdaderos. *ej.* Algunos indígenas tenían creencias como que podían hablar con el viento o con los animales.

crepúsculo [cre•pús•cu•lo] / dusk

s. La luz que hay cuando sale el sol, hasta que se hace de noche. También es la luz cuando sale el sol. *ej.* El crepúsculo en el mar es todo un espectáculo. *sin.* anochecer, amanecer. *ant.* claridad.

crías [crí•as] / breeding

s. Animales recién nacidos. *ej.* Las crías de los pájaros nacen de huevos y viven en nidos hasta que aprenden a volar. *sin.* camada.

crines [cri•nes] / manes

s. Cabello de algunos animales. *ej.* El caballo tenía hermosas crines blancas encima de su cuello.

cristalina [cris•ta•li•na] / crystalline

adj. Que son transparentes como el cristal. *ej.* El agua de la alberca es cristalina, lo que quiere decir que está limpia. *sin.* clara. *ant.* oscura.

croquetas [cro•que•tas] / croquette

s. Es un alimento, generalmente de forma ovalada y tamaño pequeño, que tiene un relleno de algún tipo de carne o vegetal y va empanizado. *ej.* En mi cumpleaños sirvieron gelatina, pastel y croquetas de picadillo.

crueldad [cruel•dad] / cruelty

s. Maldad, gusto por hacer sufrir a otros. *ej.* Es nuestro deber acabar con la crueldad para que todos podamos ser felices. *sin.* brutalidad. *ant.* piedad.

crujido [cru•ji•do] / rustling
s. Sonido que se escucha cuando se pisan hojas secas.
ej. Cuando María caminó por el bosque, escuchó el crujido de las hojas bajo sus pies. *sin.* chasquido.

cuadra [cua•dra] / block
s. La parte de una calle que está entre dos esquinas.
ej. Vamos a ver quién corre más rápido una cuadra, de esta esquina a la otra.

cuadrilla [cua•dri•lla] / crew
s. Grupo de personas a las que reunieron para hacer un trabajo juntas. *ej.* La cuadrilla de trabajadores levantó los escombros.

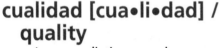

cualidad [cua•li•dad] / quality
s. Lo que distingue a las personas o a las cosas.
ej. Tú tienes la cualidad de ser muy callada.
sin. característica. *ant.* impersonalidad.

cubierta [cu•bier•ta] / deck
s. Cada uno de los pisos de un barco. *ej.* El capitán está en la cubierta superior, viendo el mar.

cuchicheaban [cu•chi•chea•ban] / whispered
v. cuchichear Hablar en voz baja o al oído para que otras personas no se enteren de lo que se dice.
ej. Ángela y Rafa cuchicheaban entre sí a la hora del almuerzo en la escuela. *sin.* murmuraban, secreteaban. *ant.* gritaban, voceaban.

cuentos [cuen•tos] / tales

s. Historias inventadas. *ej.* Mi hermano mayor sabe cuentos muy divertidos. *sin.* relato.

cuidadoso [cui•da•do•so] / careful

adj. Que hace las cosas con mucha atención para no cometer errores. *ej.* Siempre que cargo cosas de vidrio, soy muy cuidadoso para que no se rompan. *sin.* atento. *ant.* descuidado.

culpa [cul•pa] / fault

s. Falta o error cometida por una persona. *ej.* Yo tuve la culpa de que se rompiera la ventana. *sin.* descuido. *ant.* inocencia.

cultivo [cul•ti•vo] / cultivation

s. Donde se trabaja con la tierra y las plantas para que den frutos. *ej.* Cerca de mi casa hay un cultivo de frijoles.

cultura [cul•tu•ra] / culture

s. Conjunto de costumbres, arte y conocimientos de un grupo social o de una época. *ej.* Cuando viajas, puedes conocer la cultura del lugar que visitas. *sin.* civilización. *ant.* barbarie.

curiosidad [cu•rio•si•dad] / curiosity

s. Deseo de saber o averiguar algo. *ej.* La curiosidad es buena cuando hace que leas para buscar respuestas. *sin.* inquietud. *ant.* indiferencia.

cúspide [cús•pi•de] / summit

s. El pico, la parte más alta de una montaña. *ej.* Las águilas vuelan sobre la cúspide de las montañas. *sin.* cima. *ant.* precipicio.

dama [da•ma] / lady

s. Mujer bien educada. *ej.* Para ser toda una dama, debes aprender buenos modales. *sin.* señora.

dátiles [dá•ti•les] / dates

s. Fruto que dan las palmeras. *ej.* La gente del desierto prepara ricos postres con dátiles.

deambulaba [deam•bu•la•ba] / wandered

v. deambular Caminar sin ir a ninguna parte en especial. *ej.* El domingo pasado, Sara deambulaba por el centro comercial. *sin.* paseaba. *ant.* detenía.

debajo [de•ba•jo] / beneath

adv. Que tiene algo o a alguien arriba. *ej.* Métete debajo del paraguas para que no te mojes.

débil [dé•bil] / weak

adj. Persona, animal o cosa que tiene poca fuerza. *ej.* Mario está débil, no puede levantar el balde con agua. *sin.* cansado, blando. *ant.* fuerte, resistente.

decepcionarte [de•cep•cio•nar•te] / disappoint you

v. decepcionar Tristeza cuando no se cumple lo que se espera o cuando se descubre que algo no es verdad. *ej.* No quiero decepcionarte, pero el juego se suspendió. *sin.* desilusionarte. *ant.* ilusionarte.

decidido [de•ci•di•do] / determined

adj. Que se esfuerza para conseguir una meta. *ej.* Estoy decidido a mejorar mis calificaciones. *sin.* resuelto. *ant.* indeciso.

decidieron [de•ci•die•ron] / decided

v. decidir Cuando se pueden hacer varias cosas y se elige hacer sólo una de ellas. *ej.* No sabían si dejarlo o no, pero finalmente decidieron que el perrito se quedaría a vivir con ellos. *sin.* resolvieron. *ant.* dudaron.

declaro [de•cla•ro] / declare

v. declarar Decir algo delante de otras personas o darles a conocer algo. *ej.* Delante del rey y la reina, el caballero dijo en voz alta: "¡Declaro que he vencido al dragón!". *sin.* informo. *ant.* oculto.

decodificado [de•co•di•fi•ca•do] / decoded

adj. Un mensaje que estaba codificado (escrito en un lenguaje secreto) ya traducido, para entender lo que quiere decir. *ej.* Hoy recibí un mensaje en clave. Ya decodificado, dice: "Hoy es un buen día para leer un cuento".
sin. descifrado. *ant.* codificado.

decretaron [de•cre•ta•ron] / decreed

v. decretar Que un jefe o alguien con autoridad dé una orden. *ej.* El gobernador y los alcaldes decretaron que nadie tire basura en las calles. *sin.* determinaron.

delfín [del•fín] / dolphin

s. Un pez de gran tamaño, oscuro por arriba y blanco por debajo, de boca grande.
ej. En el acuario, ver saltar un delfín es un espectáculo que llama mucho la atención.

Sucesor de un rey o de un político. *ej.* Yo soy el **delfín** del club, porque voy a ser presidente el año que entra.

delicadeza [de•li•ca•de•za] / delicacy
> *s.* Mucho cuidado y atención que se pone a algo o a alguien.
> *ej.* Te voy a prestar mi patineta, pero trátala con delicadeza.
> *sin.* consideración. *ant.* descuido.

delineó [de•li•neó] / sketched
> *v. delinear* Hacer con líneas la figura de algo. *ej.* El maestro
> delineó una estrella en el pizarrón. *sin.* trazó, dibujó.

demasiado [de•ma•sia•do] / excessive
> *adj.* Cuando se tiene o se es mucho
> de algo. *ej.* Ese vestido está
> demasiado cargado de adornos.
> *sin.* excesivo. *ant.* poco.

densa [den•sa] / thick
> *adj.* Que es pesada porque está muy
> apretada o muy espesa. *ej.* Una piedra
> es más densa que un papel.
> *sin.* compacta. *ant.* ligera.

deriva [de•ri•va] / drift
> *s.* Cuando un barco pierde el
> rumbo debido a una fuerte
> corriente, al viento o a un
> accidente. *ej.* Estuvimos varios
> días a la deriva, hasta que
> pudimos arreglar el barco.

¿Qué + significa?

Andar sin rumbo, sin ir a ninguna parte en especial. *ej.* Nos gusta ir a la **deriva** por el parque, para ver a quién encontramos para jugar.

derrota [de•rro•ta] / defeat
> *s.* Cuando a alguien lo vencen en algo. *ej.* Perdimos el juego,
> pero fue una derrota injusta, porque uno de nuestros jugadores
> estaba enfermo y no pudo jugar. *sin.* fracaso. *ant.* triunfo.

desafiante [de•sa•fian•te] / defiant
> *adj.* Que reta, compite y se enfrenta al peligro. *ej.* Pulgarcito entró
> desafiante a la casa del Ogro. *sin.* provocador. *ant.* pacífico.

desagradable [de•sa•gra•da•ble] / unpleasant

adj. Que no gusta; que no es placentero. *ej.* Es desagradable que te pongan una inyección, pero es más desagradable enfermarse. *sin.* molesto. *ant.* agradable.

desagüe [de•sa•güe] / drainage

s. Un canal o tubería para que se vaya el agua. *ej.* Se me cayó una moneda y se fue por el desagüe. *sin.* alcantarilla.

desastre [de•sas•tre] / disaster

s. Algo que tiene un mal resultado o aspecto. *ej.* La casa era un desastre después de la fiesta. *sin.* destrozo. *ant.* perfección.

descanso [des•can•so] / recess

s. Tiempo entre las clases para descansar o jugar. *ej.* Sandra siempre está sola a la hora del descanso. *sin.* receso, recreo.

descifrar [des•ci•frar] / decode

v. Comprender lo que quiere decir algo que está escrito en clave o en un lenguaje secreto. *ej.* Me tardé un rato en descifrar el mensaje de palabras incompletas. *sin.* interpretar. *ant.* enmarañar.

descolorido [des•co•lo•ri•do] / discolored

adj. Que le falta color o que tiene un color pálido. *ej.* Juan se puso descolorido cuando entramos a la Casa de los Fantasmas en la feria del condado. *sin.* demacrado. *ant.* brillante.

descomunales [des•co•mu•na•les] / huge

adj. Muy grandes. *ej.* El levantador de pesas tiene unos músculos descomunales. *sin.* enormes. *ant.* pequeños.

desconcertado [des•con•cer•ta•do] / disconcerted

adj. Estar confundido por algo que resulta ser diferente de como se pensaba. *ej.* Jerry estaba desconcertado cuando vio de nuevo a su abuelo, después de cinco años. *sin.* desorientado. *ant.* tranquilo.

desconocidos [des•co•no•ci•dos] / strangers

adj. Gente que no se ha visto antes. *ej.* En el parque hay muchos niños desconocidos.

descripción [des•crip•ción] / description

s. Explicación de cómo es algo para que los demás se lo puedan imaginar. *ej.* Les hice una descripción del rancho donde pasé las vacaciones. *sin.* relación.

descubre [des•cu•bre] / discover

v. descubrir Darse cuenta de algo, encontrar algo. *ej.* Descubre lo que hay en esta caja, te vas a sorprender. *sin.* muestra. *ant.* oculta.

desembarcaron [de•sem•bar•ca•ron] / landed

v. desembarcar Bajar de un barco a tierra. *ej.* Los marinos desembarcaron en una isla desierta. *sin.* atracaron. *ant.* embarcaron.

deseo [de•se•o] / wish

s. Cuando se quiere tener, disfrutar o conocer algo. *ej.* Marina quería entrar al club de ciencias y su deseo se volvió realidad. *sin.* objetivo. *ant.* desinterés.

desesperadamente [de•ses•pe•ra•da•men•te] / desperately
adv. Hacer algo con desesperación y rapidez. *ej.* Sofía corrió desesperadamente por la estación de trenes, pero ya no alcanzó a su abuela. *sin.* ansiosamente. *ant.* tranquilamente.

deshilacha [des•hi•la•cha] / fray
v. deshilachar Sacar las hilachas (hebras) de algo. *ej.* Mónica deshilacha su querida muñeca de trapo.

desierto [de•sier•to] / desert
s. Un lugar con pocas plantas o hierbas, con mucha arena o piedras, y donde no hay agua. *ej.* Si vas al desierto, lleva ombrero y mucha agua.

desigual [de•si•gual] / uneven
adj. Que no es parejo. *ej.* Esa pista no es buena para patinar, porque el piso es desigual. *sin.* accidentado. *ant.* llano.

desilusionó [de•si•lu•sio•nó] / disappointed
v. desilusionar Decepcionarse, perder las ilusiones acerca de algo o alguien. *ej.* Cuando abrió el paquete, se desilusionó de lo que encontró. *sin.* desengañó. *ant.* ilusionó.

desistir [de•sis•tir] / quit
v. Dejar de hacer algo. *ej.* Tuvo que desistir de subir al árbol, para evitar un accidente. *sin.* abandonar. *ant.* perseverar.

deslizó [des•li•zó] / slipped away
v. deslizar Moverse con mucho cuidado. *ej.* El gato se deslizó al interior de la casa de mi vecino. *sin.* escabulló.

deslumbra [des•lum•bra] / dazzle

v. deslumbrar Que lastima la vista con demasiada luz. *ej.* El sol deslumbra si lo ves directo y sin gafas. *sin.* encandila.

desmayar [des•ma•yar] / faint

v. Perder el conocimiento. Es como dormirse repentinamente y caer al suelo. *ej.* Te puedes desmayar por un susto, porque no has comido o porque estás enfermo. *sin.* desvanecer. *ant.* recuperarse.

desobediente [de•so•be•dien•te] / disobedient

adj. Que no obedece. *ej.* La niña desobediente se salió de la casa sin permiso y la castigaron.

despatarrado [des•pa•ta•rra•do] / fallen with legs wide open

adj. Caerse al suelo con las piernas abiertas. *ej.* La pelota le pegó en la cabeza, lo tumbó y cayó al suelo despatarrado. *sin.* extendido. *ant.* encogido.

despavoridos [des•pa•vo•ri•dos] / terrified

adj. Llenos de miedo. *ej.* Cuando vieron mi disfraz, huyeron despavoridos. *sin.* espantados. *ant.* serenos.

despistada [des•pis•ta•da] / absent-minded

adj. Que no se da cuenta de lo que pasa a su alrededor. *ej.* Soy tan despistada, que siempre se me olvida dónde dejo mis cosas. *sin.* distraída. *ant.* atenta.

desplomó [des•plo•mó] / collapsed

v. desplomar Que se le acabaron las fuerzas y se cayó.
ej. Hacía tanto calor, que un competidor se desplomó.

desvencijado [des•ven•ci•ja•do] / rickety

adj. Que está estropeado. *ej.* Tengo un sillón viejo, pero está desvencijado. *sin.* desarmado. *ant.* arreglado.

desventajas [des•ven•ta•jas] / disadvantages

s. Defectos, cosas negativas de algo.
ej. Ser el menor de la familia tiene sus desventajas, como no sentarte en la mesa con los demás.
sin. inconvenientes. *ant.* ventajas.

detalles [de•ta•lles] / details

s. Las partes de algo. *ej.* Para ser un buen detective, debes observar con cuidado todos los detalles del lugar donde ocurrieron los hechos. *sin.* pormenores. *ant.* generalidades.

detectar [de•tec•tar] / detect

v. Descubrir, localizar algo. *ej.* El barco puede detectar submarinos enemigos. *sin.* localizar. *ant.* tapar.

detective [de•tec•ti•ve] / detective

s. Es un tipo de policía que hace investigaciones especiales y no usa uniforme. *ej.* El detective nos hizo unas preguntas. Está tratando de descubrir al ladrón.

detenidamente [de•te•ni•da•men•te] / thoroughly

adv. Con mucho cuidado. *ej.* Antes de contestar la prueba, lee detenidamente las preguntas. *sin.* minuciosamente. *ant.* descuidadamente.

diagrama [dia•gra•ma] / diagram
s. Es un dibujo que sirve para explicar algo. *ej.* El capitán dibujó un diagrama para explicar a sus soldados cómo harían el ataque.

diamantina [dia•man•ti•na] / diamantine
s. Material brillante que se usa para hacer adornos. *ej.* Hicimos recortes de diamantina y los colgamos del árbol de Navidad.

diestros [dies•tros] / right handed
adj. Que tienen más fuerza y habilidad con el lado derecho de su cuerpo. *ej.* En mi salón, la mayoría somos diestros. Sólo dos niños son zurdos.

Ser hábil en algo. *ej.* Los indígenas eran **diestros** con el arco y las flechas.

dignidad [dig•ni•dad] / dignity
s. Sentirse importante, que vale mucho. *ej.* Carmen no quiso disfrazarse de marrano porque dice que tiene dignidad. *sin.* decoro. *ant.* deshonor.

dilema [di•le•ma] / dilemma
s. Situación en la que se tiene que decidir entre dos cosas. *ej.* Marisa tiene un dilema, no sabe si hacer primero la tarea de matemáticas o la de gramática. *sin.* problema.

diminuta [di•mi•nu•ta] / tiny
adj. Que es muy pequeña. *ej.* Una hormiga es pequeña, pero una pulga es diminuta. *sin.* minúscula. *ant.* grande.

disfraz [dis•fraz] / disguise
s. Un traje especial que se usa para parecerse a alguien distinto. *ej.* Me gustan las fiestas de Paty porque todos los niños usan disfraz.

disfrutan [dis•fru•tan] / enjoy

v. disfrutar Que les gusta y gozan
algo. *ej.* Andrea y Julia disfrutan
su clase de violonchelo. *sin.* divierten.
ant. aburren.

disimulo [di•si•mu•lo] / dissimulation

s. La forma de hacer las cosas sin que
los demás se den cuenta de algo. *ej.* Para preparar la fiesta y
que fuera una sorpresa, tuvimos que meter a la casa el pastel
y los globos con mucho disimulo. *sin.* sigilo. *ant.* franqueza.

disolvieron [di•sol•vie•ron] / dissolved

v. disolver Que una sustancia se deshaga y mezcle con un
líquido. *ej.* Los hielos se disolvieron en mi refresco.
sin. deshicieron. *ant.* unieron.

disparaban [dis•pa•ra•ban] / shot

v. disparar Hacer que un arma funcione. *ej.* Los indígenas
disparaban flechas. *sin.* lanzaban.

disparatada [dis•pa•ra•ta•da] / nonsensical

adj. Que no tiene sentido. *ej.* Se me ocurrió una idea
disparatada: que me estoy convirtiendo en caballo.
sin. absurda. *ant.* razonable.

dispersarse [dis•per•sar•se] / disperse

v. dispersar Separar. *ej.* Para ese
juego, los niños tuvieron que
dispersarse por el jardín.
sin. diseminarse. *ant.* agruparse.

disputa [dis•pu•ta] / quarrel

s. Lucha de palabras donde cada persona defiende su opinión.
ej. Tuvimos una disputa porque todos queríamos jugar a cosas diferentes.

distinguir [dis•tin•guir] / distinguish

v. Reconocer un objeto que es difícil de ver a simple vista.
ej. Me costó trabajo distinguir un camaleón entre las hojas verdes. *sin.* diferenciar. *ant.* confundir.

distraía [dis•tra•í•a] / distracted

v. distraer Que no se da cuenta de lo que dice o pasa alrededor, porque está pensando en otra cosa. *ej.* Me distraía viendo por la ventana, hasta que la maestra me llamó la atención. *sin.* deleitaba. *ant.* aburría.

divisó [di•vi•só] / made out

v. divisar Ver algo. *ej.* El marinero divisó una isla a lo lejos. *sin.* vislumbró.

domesticado [do•mes•ti•ca•do] / domesticated

adj. Cuando un animal está acostumbrado a que se acerquen a él las personas. *ej.* El señor tiene un lagarto domesticado, no hace daño a las personas. *sin.* domado. *ant.* salvaje.

dormitaba [dor•mi•ta•ba] / snoozed

v. dormitar Estar medio dormido. *ej.* Mi hermana dormitaba en el asiento cuando íbamos de regreso a casa.

dúo [dú•o] / duet

s. Dos personas que cantan o hacen algo juntas. *ej.* Paco y Sabina cantaron a dúo en el festival de la escuela.

ébano [é•ba•no] / ebony

s. Es el nombre de un tipo de árbol y también de la madera que da, que es muy oscura. *ej.* La gente de África tiene la piel del color del ébano.

ecología [e•co•lo•gí•a] / ecology

s. Todo lo que tiene que ver con cuidar el medio ambiente. *ej.* La basura y la contaminación hacen daño a la ecología.

edredón [e•dre•dón] / quilt

s. Cobertor relleno de plumas o algodón. *ej.* En invierno, me ponen un edredón arriba de las sábanas.

educada [e•du•ca•da] / polite

adj. Que le han enseñado a comportarse bien. *ej.* Una niña educada siempre saluda al entrar. *sin.* cortés. *ant.* descortés.

efecto [e•fec•to] / effect

s. La impresión que algo causa. *ej.* El efecto del espectáculo musical fue que todos se alegraron y se pusieron a bailar. *sin.* consecuencia. *ant.* causa.

efusivamente [e•fu•si•va•men•te] / effusively

adv. Con mucho afecto. *ej.* Teníamos tanto de no vernos, que nos saludamos efusivamente. *sin.* afectuosamente. *ant.* fríamente.

elementos [e•le•men•tos] / elements

s. Partes de un conjunto. *ej.* Los elementos básicos de una oración son sujeto, verbo y predicado.

elevamos [e•le•va•mos] / soared
v. elevar Volar, flotar. *ej.* En mi sueño, nos elevamos hasta las nubes. *sin.* subimos. *ant.* descendimos.

eliminado [e•li•mi•na•do] / eliminated
adj. Que se quita o aleja porque perdió o por otra razón.
ej. El equipo que pierda más de dos partidos, será eliminado en la siguiente ronda. *sin.* excluido. *ant.* incluido.

embajada [em•ba•ja•da] / embassy
s. La casa y oficinas donde vive y trabaja el embajador, la persona que representa a un país en un país diferente.
ej. En la embajada de Canadá nos dieron el pasaporte para ir a ese país.

Un mensaje. *ej.* Traigo una **embajada** para ustedes: están invitados a una fiesta.

embarcación [em•bar•ca•ción] / ship
s. Un barco de cualquier tipo. *ej.* Necesitamos una embarcación, aunque sea una balsa, para irnos de aquí.

embustera [em•bus•te•ra] / liar
adj. Que es mentirosa. *ej.* La niña que te dijo que eres fea es una embustera. *sin.* falsa. *ant.* sincera.

emitir [e•mi•tir] / expel
v. Echar hacia afuera algo. *ej.* El volcán puede emitir humo, piedras y fuego. *sin.* arrojar. *ant.* recibir.

emocionante [e•mo•cio•nan•te] / thrilling
adj. Que es interesante. *ej.* La vida de un bombero es emocionante y llena de aventuras. *sin.* sensacional. *ant.* normal.

empinadas [em•pi•na•das] / steep

adj. Que están muy altas. *ej.* Son montañas demasiado empinadas para escalar. *sin.* elevadas.

emprendió [em•pren•dió] / undertook

v. emprender Empezar algo. *ej.* El conejo emprendió la huida cuando vio al zorro. *sin.* inició, lanzó. *ant.* detuvo, abandonó.

empujó [em•pu•jó] / pushed

v. empujar Hacer fuerza para que algo o alguien se mueva. *ej.* Empujó la puerta para entrar. *sin.* movió. *ant.* detuvo.

encandilado [en•can•di•la•do] / dazzled

adj. Encantado por algo que ve o acaba de ver. *ej.* Todo era tan bonito que quedé encandilado. *sin.* pasmado. *ant.* tranquilo.

encantadas [en•can•ta•das] / delighted

adj. Que les gustó mucho algo o alguien. *ej.* Quedamos encantadas de haber viajado con los abuelos. *sin.* fascinadas. *ant.* decepcionadas.

encaramó [en•ca•ra•mó] / climbed on

v. encaramar Subir o levantar algo a un lugar elevado. *ej.* ¿Cómo se encaramó el gato arriba de ese poste? *sin.* trepó. *ant.* bajó.

encarándose [en•ca•rán•do•se] / facing

v. encarar Hacer frente a un problema. *ej.* El sheriff estaba encarándose a los bandidos, cuando vinieron a ayudarlo. *sin.* oponiéndose. *ant.* rehuyendo.

enciclopedia [en•ci•clo•pe•dia] / encyclopedia

s. Un grupo de libros donde se explican todas las ciencias, y en general, todo lo que se conoce. *ej.* Cuando no sé algo, voy y lo busco en la enciclopedia.

enemigos [e•ne•mi•gos] / enemies

s. Los que están en contra de alguien. *ej.* Los criminales son enemigos de la policía. *sin.* opositores. *ant.* aliados.

enérgicamente [e•nér•gi•ca•men•te] / energetic

adv. Que se hace con energía, con fuerza. *ej.* Si trabajamos enérgicamente, vamos a terminar más pronto. *sin.* vigorosamente. *ant.* débilmente.

enfadada [en•fa•da•da] / angry

adj. Que está enojada. *ej.* Mamá, ¿estás enfadada porque ensuciamos la cocina? *sin.* molesta. *ant.* contenta.

enfermedad [en•fer•me•dad] / sickness

s. Cuando no se tiene salud y la persona se siente mal. *ej.* El sarampión es una enfermedad que hace que te salgan ronchas en todo el cuerpo. *sin.* padecimiento. *ant.* salud.

enfurruñada [en•fu•rru•ña•da] / sulking

adj. Que está de mal humor. *ej.* María está enfurruñada porque su novio no ha llegado. *sin.* enojada. *ant.* calmada.

enmarañado [en•ma•ra•ña•do] / tangled

adj. Enredado, confuso. *ej.* Este rompecabezas está muy enmarañado, mejor juego a otra cosa. *sin.* enredado. *ant.* simple.

ensimismada [en•si•mis•ma•da] / engrossed

adj. Que está distraída de lo que pasa afuera, por estar pensando, sintiendo o recordando cosas. *ej.* La maestra estaba ensimismada en su libro y no nos vio llegar. *sin.* abstraída. *ant.* atenta.

enorme [e•nor•me] / huge

adj. Muy grande. *ej.* Ese gigante es enorme. *sin.* inmenso. *ant.* diminuto.

enrojeció [en•ro•je•ció] / turned reddish

v. enrojecer Ponerse la piel roja. *ej.* Sintió tanta pena por haber olvidado los zapatos, que enrojeció. *sin.* ruborizó. *ant.* palideció.

entabló [en•ta•bló] / started

v. entablar Comenzar una competencia, batalla, conversación, etc. *ej.* El auto de carreras de mi país entabló una carrera con el auto japonés. *sin.* emprendió. *ant.* concluyó.

entrañas [en•tra•ñas] / core

s. La parte más oculta de algo. *ej.* La gente de antes pensaba que había tesoros enterrados en las entrañas de la tierra. *sin.* interior. *ant.* superficie.

entrecejo [en•tre•ce•jo] / frown

s. Espacio que hay entre las cejas. *ej.* Mi papá arruga el entrecejo cuando está enojado o preocupado. *sin.* ceño.

entrever [en•tre•ver] / barely see

v. Ver con poca claridad una cosa. *ej.* Claudia apenas pudo entrever los hilos del móvil que encontró en la tienda. *sin.* vislumbrar, distinguir.

entusiasta [en•tu•sias•ta] / enthusiast

adj. Quienes sienten mucha emoción por alguien o algo. *ej.* Pablo es un entusiasta de la charrería. A veces se le olvida quitarse las botas y el sombrero cuando va a dormir. *sin.* apasionado. *ant.* indiferente.

enunciados [e•nun•cia•dos] / sentences

s. Grupo de palabras que transmiten un mensaje. *ej.* Tengo que escribir cinco enunciados con verbos en tiempo presente.

envidia [en•vi•dia] / envy

s. Querer lo que otros tienen. *ej.* El que tiene envidia de los demás se queda sin amigos. *sin.* celos. *ant.* generosidad.

épocas [é•po•cas] / times

s. Temporadas de gran duración. *ej.* En épocas de lluvias, me aburro porque no puedo salir a jugar al parque.

Qué + significa

Tiempo que se reconoce por los hechos históricos que sucedieron en él. *ej.* Durante la **época** de la colonia, muchas personas de diferentes países llegaron a Estados Unidos.

equilibrista [e•qui•li•bris•ta] / acrobat

s. El que sabe caminar por la cuerda floja y hacer otras cosas, sin caerse. *ej.* El equilibrista del circo recibió muchos aplausos al final de su actuación.

erguían [er•guí•an] / raised

v. erguir Levantar y poner derecho algo. *ej.* Vi unos cohetes espaciales que se erguían como si estuvieran listos para despegar. *sin.* alzaban. *ant.* descendían.

erizado [e•ri•za•do] / bristly

adj. Que están cubiertos de espinas. *ej.* El puerco espín es un animal erizado, no lo toques.

erupción [e•rup•ción] / eruption

s. Cuando del interior de la tierra son aventados hacia afuera piedras, gases o líquidos. *ej.* El volcán es la forma de erupción más grande que conocemos. *sin.* emisión.

esbozo [es•bo•zo] / outline

s. Un gesto que no está completo. *ej.* Vi un esbozo de sonrisa en su cara, así que pensé que me quería hacer una broma.

escabulló [es•ca•bu•lló] / scurried

v. escabullir Escapar, salvarse
de un peligro. *ej.* El ratón se
escabulló del gato, metiéndose
por un pequeño agujero.
sin. huyó. *ant.* enfrentó.

escaldó [es•cal•dó] / burned

v. escaldar Que se quemó.
ej. Probé la sopa cuando estaba muy caliente
y me escaldó la lengua.

escalofriante [es•ca•lo•frian•te] / spooky

adj. Que da mucho miedo. *ej.* No vayas a ver esa
película porque es escalofriante. *sin.* aterradora.
ant. tranquilizadora.

escamas [es•ca•mas] / scales

s. Es una protección que tiene la piel de algunos animales.
ej. Los peces, las víboras y los lagartos tienen escamas.

escarcha [es•car•cha] / frost

s. Hielo que se forma al aire libre cuando hace mucho
frío. *ej.* Ten cuidado al caminar porque hay escarcha
en la banqueta y es resbalosa.

escenario [es•ce•na•rio] / stage

s. Conjunto de lo que rodea a una persona o suceso.
ej. El escenario de este cuento es la noche y un bosque.
sin. ambiente.

esclavos [es•cla•vos] / slaves
s. Hombres que no son libres porque otros los hicieron prisioneros y los obligan a trabajar para él. *ej.* Abraham Lincoln prohibió que hubiera esclavos en este país.

escocían [es•co•cí•an] / stung
v. escocer Arder o doler. *ej.* Los ojos me escocían porque me cayó polvo en ellos.

escollera [es•co•lle•ra] / breakwater
s. Una barrera de piedras que se pone en el mar para evitar que las olas peguen muy fuerte. *ej.* Desde el muelle podíamos ver los barcos, el faro, el mar y la escollera.

escombros [es•com•bros] / rubble
s. Desechos que quedan de una obra de albañilería. *ej.* El albañil recogió los escombros con una pala.

escudriña [es•cu•dri•ña] / scrutinize
v. escudriñar Examinar con mucho cuidado. *ej.* El explorador escudriña la selva para tratar de encontrar al león.
sin. investiga. *ant.* distrae.

escultor [es•cul•tor] / sculptor
s. Persona que trabaja haciendo figuras con materiales como barro, piedra, cerámica, etc. *ej.* Para ser escultor, debes saber usar herramientas como el martillo y el cincel.

esfuerzo [es•fuer•zo] / effort
s. Usar fuerza o energía para lograr algo. *ej.* Ya sé que estás cansado, pero si haces un esfuerzo, llegaremos más rápido. *sin.* empeño. *ant.* desánimo.

espacio [es•pa•cio] / space

s. Lugar ocupado por los planetas que giran alrededor del Sol. *ej.* En el espacio, el planeta Tierra ocupa la tercera posición. *sin.* esfera.

espantapájaros [es•pan•ta•pá•ja•ros] / scarecrow

s. Figura que se pone en el campo, en los sembradíos, para espantar a los pájaros. *ej.* Los cuervos ven el espantapájaros y no se comen el maíz.

esparcía [es•par•cí•a] / spreaded

v. esparcir Que algo se extendía. *ej.* El olor a quemado se esparcía por todo el campo. *sin.* derramaba. *ant.* reunía.

especiales [es•pe•cia•les] / special

adj. Que tienen algo que los hace diferentes a los demás. *ej.* Los girasoles son unas flores especiales porque giran en dirección al sol. *sin.* singulares. *ant.* comunes.

específica [es•pe•cí•fi•ca] / specific

adj. Muy exacta, muy precisa. *ej.* La computadora nos da información específica de lo que queremos saber. *sin.* concreta. *ant.* confusa.

espectadores [es•pec•ta•do•res] / spectators

s. Los que ven algo con mucha atención. *ej.* Se reunieron muchos espectadores para ver la lluvia de estrellas. *sin.* público.

esperanza [es•pe•ran•za] / hope

s. Cuando existe la posibilidad de alcanzar lo que se desea.
ej. Camila tiene la esperanza de ver pronto a sus primos que viven en Argentina. *sin.* ilusión. *ant.* desesperanza.

espesa [es•pe•sa] / thick

adj. Que es gruesa y densa.
ej. Sobre la ciudad cae una niebla muy espesa. *sin.* tupida. *ant.* ligera.

espías [es•pí•as] / spies

s. Alguien que mira o escucha lo que pasa, pero sin que se den cuenta, para luego comunicárselo a sus jefes.
ej. Creemos que aquí hay espías porque el otro equipo sabe todo lo que vamos a hacer.

espléndido [es•plén•di•do] / splendid

adj. Que tiene un gran brillo. *ej.* Hoy luce un sol espléndido. *sin.* resplandeciente. *ant.* opaco.

espolvoreó [es•pol•vo•reó] / sprinkled

v. espolvorear Echar polvo sobre algo. *ej.* Espolvoreó canela sobre el chocolate caliente.

esponjas [es•pon•jas] / sponges

s. Un tipo de animal que vive en el fondo del mar.
ej. Cuando buceamos, vimos pulpos, algas y esponjas.

Qué + significa

Un objeto suave y absorbente que se usa para limpiar o para bañarse. *ej.* Recogí el agua que se me cayó con una **esponja**.

esquema [es•que•ma] / sketch

s. Es un dibujo que sirve para explicar algo. También puede incluir palabras, letras y números. *ej.* Nos enseñaron cómo se formó el universo con un esquema. *sin.* croquis.

esquivar [es•qui•var] / dodge
v. Hacerse a un lado para no encontrarse con algo o alguien.
ej. El héroe podía esquivar los golpes que le lanzaban.

estabilizar [es•ta•bi•li•zar] / stabilize
v. Mantener estable algo, sin que se mueva o sin que se caiga.
ej. Un buen piloto sabe estabilizar su avión hasta cuando hay una tormenta. *sin.* equilibrar. *ant.* desestabilizar.

estación [es•ta•ción] / station
s. Lugar a donde llegan los autobuses, ferrocarriles, etc.
ej. Llevamos a mi papá a la estación porque se va de viaje.

Qué + significa

Cada una de las cuatro partes del año (primavera, verano, otoño e invierno).
ej. Mi **estación** favorita es el verano porque podemos ir a la playa.

estalactitas [es•ta•lac•ti•tas] / stalactite
s. Una piedra afilada, en forma de pico, que se forma en algunas cavernas, del techo hacia abajo. *ej.* Fuimos a una cueva y las estalactitas parecían los dientes de un monstruo.

estandarizadas [es•tan•da•ri•za•das] / standardized
adj. Que son todas iguales, que copian exactamente un modelo. *ej.* En la fábrica construyen primero un auto que es el modelo y luego hacen copias estandarizadas.

estera [es•te•ra] / mat
s. Es un tejido de palma para cubrir el suelo en las casas o para dormir.
ej. En el campamento de verano dormí en una estera.

estetoscopio [es•te•tos•co•pio] / stethoscope
s. Aparato que usan los doctores para revisar a sus pacientes.
ej. Con una bata blanca y un estetoscopio de plástico juego a ser doctor.

estimulante [es•ti•mu•lan•te] / stimulating
adj. Que anima a hacer algo. *ej.* Ver las Olimpiadas en televisión es estimulante porque me dan ganas de hacer deporte. *sin.* motivante. *ant.* desmotivante.

estrambótico [es•tram•bó•ti•co] / odd
adj. Que tiene una forma extraña.
ej. Al señor Pérez le gusta usar un sombrero estrambótico.
sin. excéntrico. *ant.* normal.

estratégicamente [es•tra•té•gi•ca•men•te] / strategically
adv. Que se hace con estrategia, o sea, con inteligencia. *ej.* La señora puso las flores estratégicamente por toda la casa. *sin.* hábilmente. *ant.* torpemente.

estrechó [es•tre•chó] / squeezed
v. estrechar Apretar algo o a alguien. *ej.* Cuando encontró a su muñeca perdida, Mary la estrechó con fuerza. *sin.* acercó. *ant.* alejó.

estrellar [es•tre•llar] / smash
v. Chocar, golpearse contra algo duro. *ej.* Si los manejan mal, los aviones se pueden estrellar.
sin. colisionar.

Qué + significa

Freír un huevo. *ej.* Los huevos **estrellados** con salsa mexicana son deliciosos.

estremece [es•tre•me•ce] / shakes

v. estremecer Temblar, sacudirse.
ej. Julieta se estremece cada vez
que ve un ratón. *sin.* sacude.
ant. calma.

estrepitosos [es•tre•pi•to•sos] / noisy

adj. Que hacen ruido. *ej.* Con esos
pasos tan estrepitosos que das, vas
a despertar al bebé. *sin.* ruidosos.
ant. silenciosos.

estropeada [es•tro•pea•da] / spoiled

adj. Que está en mal estado y ya no sirve. *ej.* La lavadora
quedó estropeada después de la mudanza. *sin.* descompuesta.
ant. compuesta.

estruendos [es•truen•dos] / rumbling

s. Ruidos muy grandes y fuertes. *ej.* Cuando estallan los fuegos
artificiales, se escuchan unos estruendos que nos hacen
brincar. *sin.* estrépitos.

estuche [es•tu•che] / case

s. Una caja o envoltura. *ej.* Guardo
mis estampas en un estuche de
madera.

estupor [es•tu•por] / stupor

s. Un gran asombro. *ej.* Me causó
estupor ver a ese avión volando tan bajo.
sin. pasmo. *ant.* indiferencia.

eterno [e•ter•no] / eternal

adj. Que parece que nunca va a terminar. *ej.* Esperar a que
llegaran por ellos les pareció eterno.

evento [e•ven•to] / event

s. Suceso importante. *ej.* Los Juegos Olímpicos de verano son un evento deportivo que se celebra cada cuatro años. *sin.* acontecimiento. *ant.* rutina.

eventualmente [e•ven•tual•men•te] / by chance

adv. Que un hecho puede suceder o no. *ej.* Eventualmente nos encontramos en este parque porque no venimos muy seguido. *sin.* circunstancialmente. *ant.* seguramente.

evitarlo [e•vi•tar•lo] / avoid it

v. evitar Dejar de hacer algo o alejarse de algo para que no ocurra. *ej.* El pájaro se iba a ir por la ventana, pero por suerte pude evitarlo. *sin.* impedirlo. *ant.* permitirlo.

exactamente [e•xac•ta•men•te] / exactly

adv. Que se hace como debe de hacerse, tal y como se pidió que lo hiciera. *ej.* Hice la tarea exactamente como el maestro nos dijo que la hiciéramos. *sin.* precisamente. *ant.* equivocadamente.

examinaron [e•xa•mi•na•ron] / surveyed

v. examinar Revisar algo. *ej.* Los exploradores examinaron el terreno en busca de oro. *sin.* inspeccionaron.

excelente [ex•ce•len•te] / excellent

adj. Que es lo mejor que hay. *ej.* El brasileño Pelé fue un excelente futbolista; no había ninguno mejor que él. *sin.* notable. *ant.* pésimo.

excepto [ex•cep•to] / except

prep. Menos, con excepción de. *ej.* Todos fueron al cine, excepto Pepe, que tenía que hacer tarea.

exceso [ex•ce•so] / excess

s. Que es más de lo que se espera, o más de lo que debe ser. *ej.* Nadé en exceso y ahora siento calambres en las piernas. *sin.* demasía.

exclaman [ex•cla•man] / exclaim

v. exclamar Que gritan o dicen algo fuerte y con emoción. *ej.* Cuando su equipo anota, todos exclaman ¡gol! *sin.* gritan. *ant.* callan.

exclusivo [ex•clu•si•vo] / exclusive

adj. Que es único o solo. *ej.* Nuestro club es exclusivo para niñas. *sin.* especial. *ant.* general.

excusa [ex•cu•sa] / excuse

s. Una razón para no hacer algo. *ej.* Juan siempre tiene una excusa para no arreglar su cuarto. *sin.* pretexto.

exhalaciones [ex•ha•la•cio•nes] / exhalations

s. Suspiros, aliento que se expulsa del cuerpo. *ej.* Después de correr rápido, se oyen las exhalaciones de María que trata de recuperar el aire.

exigentes [e•xi•gen•tes] / demanding

adj. Que piden demasiado. *ej.* Mis maestros son muy exigentes, dejan mucha tarea.

exhausto [ex•haus•to] / exhausted
adj. Cansado, agotado. *ej.* El mecánico estaba exhausto cuando terminó de arreglar el auto de mi papá. *sin.* rendido. *ant.* vigoroso.

éxito [é•xi•to] / success
s. Triunfo, lograr algo que se desea. *ej.* La misión fue todo un éxito, ¡ganamos! *sin.* triunfo. *ant.* derrota.

experimento [ex•pe•ri•men•to] / experiment
s. Lo que se hace para descubrir, examinar o comprobar algo. *ej.* En clase de biología hicimos un experimento para ver cómo nacen las plantas de las semillas. *sin.* prueba, ensayo.

experiencias [ex•pe•rien•cias] / experiences
s. Situaciones que se viven, se sienten u ocurren. *ej.* En los viajes tienes experiencias muy interesantes. *sin.* vivencias.

experto [ex•per•to] / expert
adj. Persona que tiene un gran conocimiento en una materia. *ej.* El maestro de tercer grado es un experto en matemáticas. *sin.* hábil, especialista. *ant.* inexperto, principiante.

explorar [ex•plo•rar] / explore
v. Recorrer un lugar o revisar una cosa para conocerlos mejor. *ej.* Antes de acampar aquí, vamos a explorar el lugar.

explosión [ex•plo•sión] / explosion
s. Una energía que se libera de golpe, haciendo mucho ruido y calor. *ej.* La dinamita hizo explosión y rompió las rocas que tapaban el paso. *sin.* estallido.

exposición [ex•po•si•ción] / exhibition

s. Mostrar algo a la gente, como obras de arte, objetos que se fabrican o venden, etc. **ej.** Fuimos a una exposición de juguetes antiguos. **sin.** muestra.

exquisitas [ex•qui•si•tas] / exquisite

adj. De lo mejor; de mucha calidad. **ej.** Tus figuras de plastilina son exquisitas, ¡felicidades! **sin.** perfectas. **ant.** desagradables.

extasiada [ex•ta•sia•da] / thrilled

adj. Que siente mucha alegría o felicidad. **ej.** Quedó extasiada cuando vio su nueva casa de muñecas. **sin.** embelesada. **ant.** decepcionada.

extendimos [ex•ten•di•mos] / spread

v. extender Desparramar, hacer más amplio algo. **ej.** Extendimos el mantel sobre la mesa, pusimos los cubiertos y comimos.

extensa [ex•ten•sa] / longer

adj. Que es muy grande. **ej.** Desde esta colina se ve una extensa pradera. **sin.** amplia. **ant.** reducida.

extenuadas [ex•te•nua•das] / tired

adj. Que están cansadas. **ej.** Después de preparar la cena de Navidad, mi mamá, mi abuela y mi hermana quedaron extenuadas. **sin.** agotadas. **ant.** animadas.

extinguía [ex•tin•guí•a] / extinguished

v. extinguir Apagar algo. *ej.* Cuando pasamos, el agua de los bomberos extinguía el incendio.

extraída [ex•tra•í•da] / extracted

v. extraer Sacar algo de un lugar. *ej.* Esta muela fue extraída de la boca de Jaime. *sin.* extirpada. *ant.* injertada.

extraña [ex•tra•ña] / strange

adj. Lo que es raro y original. *ej.* Mi abuelo Matías me hizo una figura de papel bastante extraña. *sin.* especial. *ant.* común.

extrañado [ex•tra•ña•do] / surprised

adj. Sorprendido, que siente que pasa algo raro. *ej.* Estaba tan extrañado de verlo, que pensé que estaba soñando.
sin. asombrado. *ant.* indiferente.

Qué + significa

Echar de menos, recordar algo o a alguien. *ej.* ¡Cómo he **extrañado** a mi perro!

extraordinarios [ex•tra•or•di•na•rios] / extraordinary

adj. Fuera de lo común. *ej.* En esa escuela hay varios maestros extraordinarios. Nunca los olvidaré.
sin. excepcionales. *ant.* ordinarios.

extremoso [ex•tre•mo•so] / extreme

adj. Que cambia de un extremo a otro. *ej.* El clima es muy extremoso: en la mañana hace frío y en la tarde calor. *sin.* radical. *ant.* equilibrado.

fábulas [fá•bu•las] / fables

s. Son un tipo de cuento en el que participan personas, animales y otros seres, y tienen al final una moraleja, o sea, una lección.
ej. Me gustan las fábulas de caballos y también las de patos.

facetas [fa•ce•tas] / facets

s. Cuando se habla de algo que abarca muchas cosas. *ej.* Navegar un barco tiene muchas facetas: manejar las máquinas, manejar el timón, manejar el radio. *sin.* aspectos.

famoso [fa•mo•so] / famous

adj. Ser muy conocido y sobresalir en algo. *ej.* Mickey Mouse es el ratón más famoso del mundo. *sin.* popular, admirado. *ant.* ignorado, desconocido.

fantasear [fan•ta•sear] / fancy

v. Imaginar cosas. *ej.* Cuando voy en el carro, me gusta fantasear que vuelo mientras veo el campo.

fantásticos [fan•tás•ti•cos] / fantastic

adj. Que es de fantasía o de imaginación.
ej. Me gustan los cuentos fantásticos en los que hay alfombras voladoras, duendes y magos. *sin.* fabulosos. *ant.* reales.

farero [fa•re•ro] / lighthouse guard

s. El que maneja o vigila el faro.
ej. El farero observa el mar toda la noche y le arroja luz.

fascinaba [fas•ci•na•ba] / fascinated

v. fascinar Gustar mucho. *ej.* Cuando era más pequeño, me fascinaba asomarme a la ventana para ver pasar los autos. *sin.* encantaba. *ant.* disgustaba.

fastidiosa [fas•ti•dio•sa] / annoying

adj. Que es enfadosa, que hace enojar. *ej.* ¡Qué fastidiosa es esa mosca! *sin.* molesta. *ant.* agradable.

fatal [fa•tal] / awful

adj. Estar mal, sentirse mal. *ej.* Cuando bajé de la montaña rusa, me sentía fatal. *sin.* infeliz. *ant.* bien.

fatigado [fa•ti•ga•do] / fatigued

adj. Cuando se siente cansancio después de hacer un gran esfuerzo físico o mental por mucho tiempo. *ej.* Después de muchas vueltas a la pista, Javier terminó fatigado el entrenamiento. *sin.* cansado, rendido. *ant.* descansado, relajado.

felino [fe•li•no] / feline

s. y *adj.* Se llama así a los animales como el gato y el león. *ej.* De pronto, el felino dio un gran rugido que sorprendió al domador del circo. *sin.* gatuno.

fenómeno [fe•nó•me•no] / phenomenon

s. Cualquier actividad que se da en la naturaleza. *ej.* El viento es un fenómeno natural. *sin.* suceso, manifestación.

festejen [fes•te•jen] / celebrate

v. festejar Dar una fiesta para celebrar un suceso importante. *ej.* A Susana le gusta que le festejen su cumpleaños con piñata, pastel y muchos invitados. *sin.* agasajen.

festín [fes•tín] / feast

s. Una gran comida, con varios y muy ricos platillos. *ej.* La Navidad en casa de mis abuelos es un festín, sobre todo de dulces y postres. *sin.* banquete.

fiada [fia•da] / on credit

adj. Que no se ha pagado algo y aún se debe. *ej.* Esta paleta que me estoy comiendo es fiada. Voy a pedirle dinero a mi mamá para ir a pagarla.

fibras [fi•bras] / fibers

s. Cada uno de los pequeños hilos que forman un tejido. *ej.* Las fibras de mi suéter son muy gruesas, por eso es calientito.

ficción [fic•ción] / fiction

s. Una invención de la imaginación. *ej.* A Juan le gustan los cuentos de ficción. *sin.* invención. *ant.* realidad.

fieras [fie•ras] / wild beast

s. Animales salvajes. *ej.* La selva está llena de fieras peligrosas. *sin.* bestias.

Persona de mal carácter. *ej.* Cuando se enoja, se pone hecho una **fiera.**

final [fi•nal] / end
s. La parte última de algo. *ej.* Me gustan las películas de final feliz. *sin.* término. *ant.* principio.

fines [fi•nes] / intentions
s. Los motivos para lo que se hace algo. *ej.* Mis fines son sacar buenas calificaciones y anotar muchos goles. *sin.* objetivos.

Qué **+** significa

Los límites de algo *ej.* Ayer llegamos hasta los **fines** de la ciudad.

firma [fir•ma] / signature
s. Nombre y apellido de una persona que se escribe al final de un documento. *ej.* Una carta debe terminar con la firma de quien la escribe. *sin.* rúbrica.

flamas [fla•mas] / flames
s. Llamas que se elevan de los objetos que se queman. *ej.* Se desató un incendio y las flamas eran muy altas y rojas.

flamenco [fla•men•co] / flamingo
s. Ave de patas largas y delgadas, parecida al cisne, pero con plumaje rosa. *ej.* El flamenco camina con elegancia y ritmo.

flecha [fle•cha] / arrow
s. Un arma larga, con una punta afilada y un palo que la sostiene, que se lanza usando un arco. *ej.* Los indígenas cazaban con arco y flecha. *sin.* saeta.

flora [flo•ra] / flora

s. Todos los tipos de plantas que hay en un país o región.
ej. La flora de California incluye árboles altísimos, pero la de Texas, apenas arbustos del desierto.

floresta [flo•res•ta] / forest

s. Un terreno con muchos árboles. *ej.* En la floresta podemos jugar a las escondidas sin temor a perdernos.

flota [flo•ta] / fleet

s. Un grupo de barcos.
ej. Ayer vi los portaaviones de la flota de mi país.

Reunión de mucha gente. *ej.* Una **flota** llenó el estadio de futbol.

fobia [fo•bia] / phobia

s. Sentir temor a un objeto, una situación o una persona sin tener un motivo.
ej. Le tengo fobia a los lugares encerrados.

foca [fo•ca] / seal

s. Animal que vive en la costa de los mares fríos, pero puede nadar. Casi siempre es de color oscuro y tiene pequeños bigotes.
ej. En el Polo Norte hay osos polares y muchas focas.

fogón [fo•gón] / hearth

s. Un espacio en las cocinas antiguas que servía para prender fuego y cocinar.
ej. Aquí está la leña para poder encender el fogón.

folleto [fo•lle•to] / booklet

s. Es un papel impreso, como una revista pequeña, que informa sobre un servicio o un producto.
ej. Vi un folleto de Disneylandia, con fotos de sus diversiones.

formidable [for•mi•da•ble] / formidable

adj. Que es muy bueno. *ej.* Tuve una idea formidable. Voy a contársela a mis amigos. *sin.* magnífica. *ant.* inútil.

fortuna [for•tu•na] / fortune

s. Buena suerte. *ej.* Por fortuna, encontré los libros que se me habían perdido. *sin.* azar. *ant.* infortunio.

Qué + significa

Dinero, riqueza. *ej.* Me gané una **fortuna** en la lotería.

fosforescentes [fos•fo•res•cen•tes] / phosphorescent

adj. Colores llamativos que resaltan como si tuvieran luz. *ej.* Las personas que barren las calles usan uniformes de colores fosforescentes para que los automovilistas puedan verlos y así evitar accidentes. *sin.* brillantes. *ant.* opacos.

fracasó [fra•ca•só] / failed

v. fracasar Fallar, no tener éxito. *ej.* Fracasó en su intento de llegar a lo más alto de la montaña, porque estalló una tormenta. *sin.* falló. *ant.* triunfó.

frágiles [frá•gi•les] / fragile

adj. Que se rompen con facilidad, son débiles. *ej.* Los vasos de cristal son muy frágiles. *sin.* quebradizos. *ant.* resistentes.

fragmentos [frag•men•tos] / pieces

s. Partes de algo que se rompió. *ej.* Encontré fragmentos de una piñata. Seguro aquí hubo una fiesta. *sin.* pedazos.

franca [fran•ca] / frank

adj. Sincera, honesta. *ej.* Su sonrisa era franca, no escondía nada, no era fingida. *sin.* desinteresada, natural.

frases [fra•ses] / phrases

s. Dos o más palabras que, sin ser una oración, tienen sentido propio. *ej.* Caminar a ciegas. [Cuando una persona hace algo sin saber cómo.] Manos a la obra. [Hacer algo sin esperar más tiempo.]

fraternal [fra•ter•nal] / fraternal

adj. Que es propio de hermanos. *ej.* Somos muy amigos, por eso nos dimos un abrazo fraternal.

frenéticas [fre•né•ti•cas] / furiously

adj. Que tienen furia, enojo. *ej.* Sus patadas contra el costal eran frenéticas. *sin.* rabiosas. *ant.* calmadas.

frescura [fres•cu•ra] / cool

s. Que es fresco, ligeramente frío. *ej.* ¡Qué deliciosa frescura hay siempre en tu jardín! *sin.* frescor. *ant.* sequedad.

frituras [fri•tu•ras] / fried food

s. Comida frita o freída. Alimentos preparados con aceite o grasa. *ej.* Mi mamá no come frituras porque no son nutritivas y la hacen subir de peso.

frondosos [fron•do•sos] / leafy
adj. Que tienen muchas hojas y ramas.
ej. Esos árboles son tan frondosos que seguro tienen muchos nidos de pájaros.
sin. tupidos. *ant.* ralos.

frontera [fron•te•ra] / border
s. Línea que divide dos países o estados.
ej. El domingo cruzamos la frontera de Texas para visitar a mis abuelos que viven en México. *sin.* límite, borde.

frotó [fro•tó] / rubbed
v. frotar Pasar una cosa sobre otra. *ej.* Luis frotó la mancha con un trapo, pero no se quitó. *sin.* restregó.

fuego [fue•go] / fire
s. El calor, la luz y las llamas que salen de un objeto cuando se quema. *ej.* Los bomberos fueron rápidos para controlar el fuego en la casa del vecino. *sin.* incendio.

fugaces [fu•ga•ces] / brief
adj. Que duran poco. *ej.* Ven a mi casa por más tiempo, porque todas tus visitas son fugaces. *sin.* breve. *ant.* duraderas.

furiosos [fu•rio•sos] / furious
adj. Que están muy enojados. *ej.* Esos perros están furiosos, mejor no te les acerques. *sin.* violentos. *ant.* calmados.

furibunda [fu•ri•bun•da] / enraged
adj. Que está bastante enojada.
ej. Cuando le dije que no me había gustado su dibujo, se puso furibunda. *sin.* colérica.
ant. tranquila.

galaxia [ga•la•xia] / galaxy

s. Un grupo de estrellas y planetas, cercanos entre sí.
ej. Me gustaría volar en una nave espacial y visitar
una galaxia. *sin.* constelación.

galopan [ga•lo•pan] / gallop

v. galopar Cuando los caballos
corren. *ej.* En el rancho de
Ernesto hay caballos que
galopan cruzando la pradera.
sin. trotan, cabalgan.

ganas [ga•nas] / desires

s. Deseos, antojos. *ej.* Tengo
ganas de un refresco. *sin.* apetito.
ant. desgana.

garabatear [ga•ra•ba•tear] / scribbling

v. Dibujar garabatos. Un garabato es cualquier dibujo o rayas
hecho en un papel, sin forma de nada en especial. *ej.* Ya deja
de garabatear en mi libreta, porque te vas a acabar
las hojas y la tinta.

gárgolas [gár•go•las] / gargoyle

s. Figuras humanas o de animales que
adornan el canal de desagüe de los
tejados. *ej.* Las gárgolas son un adorno
típico de muchos edificios antiguos.

garras [ga•rras] / claws

s. La mano o pie de un animal, cuando
tiene uñas grandes y afiladas. *ej.* ¿Has
visto cómo son las garras de los leones?
Dan miedo.

gemelas [ge•me•las] / twins

s. Que nacieron juntas de una misma mamá. *ej.* Las gemelas Martínez son igualitas en todo. *sin.* mellizas.

genealógico [ge•nea•ló•gi•co] / genealogical

adj. Se refiere al lugar que ocupa una persona según el orden de nacimiento de su familia. *ej.* En el árbol genealógico de la familia de Connie, ella ocupa el tercer lugar de los nietos. *sin.* generación, linaje.

generosos [ge•ne•ro•sos] / generous

adj. Que les gusta compartir o regalar de lo que tienen. *ej.* Esos niños son muy generosos, siempre comparten lo que traen en su lonchera. *sin.* dadivosos. *ant.* avaros.

genial [ge•nial] / genial

adj. Algo que hizo o dijo alguien muy inteligente. *ej.* Tu tarea es genial, te felicito. *sin.* brillante. *ant.* insignificante.

gente [gen•te] / people

s. Un grupo de personas; más de una persona. *ej.* A mi fiesta voy a invitar a mucha gente.

geranios [ge•ra•nios] / geraniums

s. Planta de flores pequeñas que forman ramos de colores brillantes. *ej.* Doña Soledad cuida con cariño su bello jardín de geranios de muchos colores.

germinando [ger•mi•nan•do] / sprouting

v. germinar Cuando una planta está brotando de una semilla.
ej. Puse un frijol en un vaso con agua y ya está germinando.

gestos [ges•tos] / gestures

s. Movimientos que se hacen con el rostro, las manos o cualquier parte del cuerpo para expresar un estado de ánimo.
ej. Santiago es un buen imitador, hace los gestos de un león. *sin.* muecas.
ant. inexpresión.

gimió [gi•mió] / moaned

v. gemir Hacer un sonido de sufrimiento. *ej.* El enfermo gimió en su cama. *sin.* quejó. *ant.* rió.

giratoria [gi•ra•to•ria] / swivel

adj. Que da vueltas. *ej.* Para cortarme el pelo, me sentaron en una silla giratoria.

glotón [glo•tón] / glutton

adj. Que come mucho. *ej.* Mi hermano es un glotón, ¡todo el día tiene hambre! *sin.* comilón. *ant.* moderado.

goce [go•ce] / joy

s. Cuando algo resulta muy agradable. *ej.* Vivir en una casa con alberca y muchos juguetes es un goce.
sin. disfrute. *ant.* pesar.

golosa [go•lo•sa] / sweet-toothed

adj. Que le gustan mucho los dulces o ciertos alimentos. *ej.* Mi hermana está gordita por golosa. Se la pasa comiendo dulces y pasteles.
sin. glotona.

golpeteando [gol•pe•tean•do] / knocking

v. golpetear Dar golpes poco fuertes pero seguidos.
ej. Las gotas de lluvia caen golpeteando en la ventana.

góndola [gón•do•la] / gondola

s. Un tipo de lancha que se usa en la ciudad de Venecia, en Italia. *ej.* Mis papás pasearon en góndola cuando fueron a Venecia.

gordinflón [gor•din•flón] / chubby

adj. Que está muy gordo. *ej.* Si sigues comiendo así te vas a volver gordinflón. *sin.* obeso. *ant.* flaco.

gorriones [go•rrio•nes] / sparrows

s. Aves pequeñas de plumas color café con manchas negras y rojizas. *ej.* En las ciudades hay muchos gorriones, pues les gusta vivir cerca de los humanos.

gráciles [grá•ci•les] / graceful

adj. Que son ligeros y agradables. *ej.* ¡Qué gráciles son los venados para correr! Parece como si flotaran.

gracioso [gra•cio•so] / funny

adj. Que hace reír. *ej.* Tu tío sí que es gracioso; cuenta muy buenos chistes. *sin.* cómico. *ant.* aburrido.

granel [gra•nel] / in bulk

adj. Que hay mucho y en abundancia de algo. *ej.* En la fiesta hubo premios a granel. *sin.* exceso. *ant.* escaso.

grave [gra•ve] / serious

adj. Que es una situación difícil. *ej.* Tu problema es grave, pero no tanto como el mío. *sin.* complicado. *ant.* sencillo.

Qué + significa

- Cuando alguien está muy enfermo. *ej.* Mi abuelo estuvo muy **grave**, pero ya sanó.
- Que es muy serio y formal. *ej.* El nuevo profesor es muy **grave**.

graznido [graz•ni•do] / squawk

s. El grito de algunos pájaros. *ej.* Escuché el graznido de unos cuervos y salí al patio a espantarlos.

greñuda [gre•ñu•da] / messed up hair

adj. Persona mal peinada. *ej.* Parece que te acabas de levantar, andas bien greñuda. *sin.* despeinada. *ant.* peinada.

grisazulados [gris•a•zu•la•dos] / bluish gray

adj. Que tiene un color entre azul y gris. *ej.* Vi un perro blanco de ojos grisazulados.

gruesa [grue•sa] / coarse

adj. Que es grande y abultada. *ej.* La arena de esta playa es muy gruesa. *sin.* pesada. *ant.* delgada.

grullas [gru•llas] / cranes

s. Aves de gran tamaño, con cuello y patas muy largos, alas grandes y cabeza pequeña. Sus plumas pueden ser de color gris, marrón o blanco y negro. *ej.* Tres hermosas grullas pasean cerca del estanque.

grumosa [gru•mo•sa] / lumpy

adj. Pequeñas bolas que se forman si no se mezclan correctamente una sustancia en polvo con un líquido. *ej.* Preparé un pastel, pero la masa me quedó grumosa por más que la batí. *sin.* endurecida.

gruñón [gru•ñón] / grumpy

adj. Que es enojón y hace sonidos de enojo (gruñidos). *ej.* El dueño de la tienda es un gruñón. Si le preguntas algo, responde con ruidos, como si estuviera enojado. *sin.* refunfuñón. *ant.* amable.

guapo [gua•po] / handsome

adj. Bonito, bien parecido. *ej.* Sebastián es un niño guapo de mejillas como frescas manzanas. *sin.* bello. *ant.* feo.

guardar [guar•dar] / put away

v. Poner algo donde esté seguro. *ej.* Hay que guardar los dulces para que no se los coman las hormigas.

guarida [gua•ri•da] / shelter

s. Lugar para protegerse o refugiarse. *ej.* ¡Necesitamos una guarida porque va a empezar a llover! *sin.* refugio.

guarecerse [gua•re•cer•se] / give shelter to

v. guarecer Refugiarse, protegerse. *ej.* Los que van al bosque, deben saber cómo guarecerse en caso de tormenta. *sin.* cobijarse.

guirnaldas [guir•nal•das] / garlands

s. Tira hecha con flores, hierbas, papel o cualquier otro material que sirve para adornar. *ej.* En Navidad decoramos la casa con guirnaldas de ramas de pino, moños rojos y flores doradas.

hábil [há•bil] / skillfull

adj. Que sabe hacer algo bien.
ej. Jorge es muy hábil en la
carpintería. *sin.* apto. *ant.* torpe.

habitantes [ha•bi•tan•tes] / inhabitants

s. Personas que viven en un lugar
determinado. *ej.* Los habitantes de Texas son distintos
de los habitantes de Arizona. *sin.* residentes.

habituarse [ha•bi•tuar•se] / accustom

v. habituar Acostumbrarse a algo. *ej.* La gente que viaja
mucho debe habituarse a probar diferentes tipos de comida.

halagaba [ha•la•ga•ba] / flattered

v. halagar Que daba muestras de cariño. *ej.* ¡Cómo me
halagaba mi maestra de danza!

hamaca [ha•ma•ca] / hammock

s. Es una red que normalmente se
ata a dos árboles, y se usa para dormir.
ej. Cuando fui a la playa, dormí en
una hamaca.

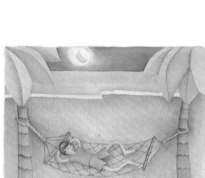

hambriento [ham•brien•to] / hungry

adj. Que tiene hambre. *ej.* Cuando el perro está hambriento,
saca mucho la lengua. *sin.* deseoso. *ant.* harto.

harta [har•ta] / fed up

adj. Que está fastidiada. *ej.* ¡Ya estoy harta del ruido!
sin. agobiada. *ant.* divertida.

hazañas [ha•za•ñas] / feats

s. Algo que se hace y causa admiración.
ej. Los escaladores de montañas tienen hazañas increíbles que contar.
sin. proezas. *ant.* torpezas.

hembra [hem•bra] / female

s. Mujer. En los animales, al hombre se le llama macho, y a la mujer hembra.
ej. En el reino animal, la hembra cuida a sus crías y las defiende hasta con su vida.

heno [he•no] / hay

s. Hierba seca que se usa como alimento para el ganado.
ej. Cuando amontonan heno en la granja, nos gusta acostarnos encima.

herencia [he•ren•cia] / inheritance

s. Lo que una persona deja a otras (casi siempre, a sus familiares) cuando muere. *ej.* Cuando mi abuelo murió, dejó a mi papá de herencia un barco pesquero. *sin.* legado.

heridos [he•ri•dos] / injured

adj. Lastimados; que se han hecho daño. *ej.* En el choque de dos autos hubo algunos heridos, pero ninguno de gravedad. *sin.* lesionados.
ant. ilesos.

heroína [he•ro•í•na] / heroine

s. Una mujer que hizo algo muy bueno o heroico. *ej.* Juana de Arco fue una gran heroína de Francia.

hiena [hie•na] / hyena

s. Animal que come carne, de pelo gris y con manchas. Le gusta comer animales muertos. *ej.* La hiena hace un ruido como si se estuviera riendo.

higuera [hi•gue•ra] / fig tree

s. Árbol que da higos. *ej.* El tronco de la higuera es blanco, pero sus higos son morados.

hinchados [hin•cha•dos] / swollen

adj. Que se hicieron más grandes de lo normal. *ej.* Tenía los cachetes hinchados porque me acababan de sacar dos muelas. *sin.* inflamados. *ant.* desinflados.

hipo [hi•po] / hiccup

s. Sacudida del cuerpo junto con el sonido de ¡hip! *ej.* Dicen que el hipo se quita con un susto.

historieta [his•to•rie•ta] / comics

s. Un grupo de dibujos y textos que cuentan una historia. *ej.* A mí me gustan las historietas de superhéroes. *sin.* cómic, tira.

hoguera [ho•gue•ra] / bonfire

s. Un fuego que se enciende al aire libre. *ej.* Juntamos troncos y encendimos una hoguera porque en el bosque hace frío. *sin.* fogata.

hojarasca [ho•ja•ras•ca] / dead leaves

s. Grupo de hojas que caen de los árboles y quedan unas sobre otras en el suelo. *ej.* Me gusta correr sobre la hojarasca para escuchar el ruido que hace cuando la piso.

honestos [ho•nes•tos] / honest

adj. Que son justos y hacen lo que es correcto. *ej.* Los buenos jueces y los buenos policías siempre son honestos. *sin.* decentes. *ant.* deshonestos.

hongos [hon•gos] / fungus

s. Una planta muy pequeña (a veces no se alcanza a ver a simple vista), casi siempre con forma de sombrilla. *ej.* Hay hongos que se comen y otros que son venenosos.

honor [ho•nor] / honor

s. Demostración de agradecimiento y estima a alguien. *ej.* Hicimos una fiesta en honor a nuestros maestros. *sin.* respeto. *ant.* deshonor.

horrorizadas [ho•rro•ri•za•das] / horrified

adj. Que están espantadas. *ej.* Al salir del cine, las niñas quedaron horrorizadas por la película de terror que vieron. *sin.* aterrorizadas. *ant.* encantadas.

hospitalidad [hos•pi•ta•li•dad] / hospitality

s. Tratar bien a los visitantes. *ej.* Hay que mostrar hospitalidad con la gente que viene de otros países, para que se lleven un buen recuerdo. *sin.* amabilidad. *ant.* desatención.

huellas [hue•llas] / footprints

s. Una señal que deja un pie o la pata de un animal al caminar. *ej.* Hay que seguir las huellas de sus caballos para encontrarlos. *sin.* pisadas.

huéspedes [hués•pe•des] / guests

s. Quienes viven en una casa que no es la suya porque los invitaron. *ej.* En vacaciones, mis primos fueron huéspedes de mi familia. *sin.* invitados. *ant.* anfitriones.

huir [hu•ir] / flee

v. Salir rápido de un lugar que es peligroso. *ej.* El ratón tiene que huir porque ya lo vieron merodeando en la cocina.

humanidad [hu•ma•ni•dad] / mankind

s. Todas las personas de todo el mundo. *ej.* Si cuidamos el medio ambiente, ayudamos a la humanidad.

humillada [hu•mi•lla•da] / humiliated

adj. Que está avergonzada. *ej.* Una niña se siente humillada cuando no está bien peinada, pero un niño no.

humor [hu•mor] / humor

s. Que siempre ve todo con alegría. *ej.* Hoy estoy de un humor especial, nada puede hacerme enojar. *sin.* jovialidad. *ant.* seriedad.

Qué + significa

Que es gracioso o cómico. *ej.* Pasan un programa de **humor** en la TV.

hundió [hun•dió] / sank

v. hundir Meterse en lo hondo de un mar, lago, etc. *ej.* Después de la tormenta, el barco se hundió. *sin.* sumergió. *ant.* emergió.

idea [i•de•a] / idea

s. Algo que pasa por la mente. *ej.* ¿De quién es esta brillante idea? *sin.* pensamiento.

idénticos [i•dén•ti•cos] / identical

adj. Que es igual a otro. *ej.* Me regalaron dos juguetes idénticos. *sin.* semejantes. *ant.* diferentes.

identificar [i•den•ti•fi•car] / identify

v. Reconocer que una persona es la que se está buscando. *ej.* Cuando nos enseñaron las fotos, pudimos identificar al ladrón. *sin.* señalar. *ant.* diferenciar.

ignoraba [ig•no•ra•ba] / ignored

v. Que no sabía algo. *ej.* Ignoraba que el hombre llegó a la luna en el año 1969. *sin.* desconocía. *ant.* sabía.

ilusión [i•lu•sión] / hopes

s. Tener esperanza en algo que se desea que ocurra. *ej.* Tengo la ilusión de convertirme en un buen médico. *sin.* deseo. *ant.* decepción.

ilustrador [i•lus•tra•dor] / illustrator

s. Persona que ilustra o hace dibujos. *ej.* ¡Qué buen ilustrador es mi amigo Raúl! *sin.* dibujante.

imaginación [i•ma•gi•na•ción] / imagination

s. Capacidad para inventar o crear algo. *ej.* Se necesita mucha imaginación para escribir un cuento como ése. *sin.* inventiva.

imán [i•mán] / magnet
s. Metal de color oscuro que atrae al hierro. *ej.* Usé un imán para encontrar la aguja que se me había caído.

imitar [i•mi•tar] / imitate
v. Hacer los gestos y conducta de otra persona o hablar como otra persona. *ej.* El mimo sabe imitar a todas las personas. *sin.* simular. *ant.* crear.

impaciencia [im•pa•cien•cia] / impatient
s. Desesperación, no saber esperar. *ej.* Siento mucha impaciencia porque ya llegue Navidad. *sin.* intranquilidad. *ant.* paciencia.

imploraron [im•plo•ra•ron] / implored
v. implorar Rogar, pedir algo con desesperación. *ej.* Los prisioneros imploraron a los piratas que no les hicieran daño. *sin.* suplicaron. *ant.* ordenaron.

imponente [im•po•nen•te] / impressive
adj. Que es formidable, fuera de lo común. *ej.* El Empire State Building es un edificio imponente. *sin.* maravilloso. *ant.* ordinario.

Que impone, que impresiona. *ej.* Cuando el príncipe se puso la armadura, se veía **imponente.**

imposible [im•po•si•ble] / impossible
adj. Que no se puede o es muy difícil de realizar. *ej.* Es imposible que a un niño le salgan alas. *sin.* improbable. *ant.* posible.

impresionado [im•pre•sio•na•do] / impressed

adj. Que tuvo una impresión muy fuerte. *ej.* Quedé impresionado cuando vi ese hueso de dinosaurio en el museo. *sin.* afectado. *ant.* insensible.

improvisado [im•pro•vi•sa•do] / improvised

adj. Algo que se hizo de pronto, sin prepararse. *ej.* El Día de las Madres di un discurso improvisado porque no me habían dicho que lo preparara. *sin.* inventado. *ant.* planeado.

impulsaba [im•pul•sa•ba] / propelled

v. impulsar Que le da impulso y movimiento. *ej.* A los barcos antiguos sólo los impulsaba el viento. *sin.* empujaba. *ant.* frenaba.

impuso [im•pu•so] / imposed

v. imponer Hacer que su poder domine a los demás. *ej.* Entre todos los animales, el león se impuso por su fuerza, y el elefante por su tamaño. *sin.* dominó. *ant.* permitió.

inagotable [i•na•go•ta•ble] / inexhaustible

adj. Que no se acaba. *ej.* Nada es inagotable: hasta el agua y el aire se pueden acabar si no los cuidamos. *sin.* interminable. *ant.* agotable.

inapropiado [i•na•pro•pia•do] / unappropriated
adj. Que no es apropiado, que no es correcto. *ej.* En un hospital es inapropiado hablar en voz alta o dar de gritos. *sin.* inadecuado. *ant.* apropiado.

inauguró [i•nau•gu•ró] / inaugurated
v. inaugurar Iniciar algo nuevo. *ej.* Mi papá inauguró un restaurante. *sin.* inició. *ant.* clausuró.

incluso [in•clu•so] / even
adj. Que está incluido. *ej.* Mi mamá hace sopa, guisados, pastel, galletas... incluso jugo.

incontables [in•con•ta•bles] / countless
adj. Que no se pueden contar de tantos que son. *ej.* ¿Que cuántas estrellas hay? ¡Incontables! *sin.* innumerables. *ant.* contables.

inconveniente [in•con•ve•nien•te] / inconvenient
s. Que tiene un problema, un obstáculo. *ej.* Viajar en avión tiene el inconveniente de que te puedes marear. *sin.* dificultad. *ant.* facilidad.

incrédulas [in•cré•du•las] / incredulous
adj. Que no creen fácilmente lo que se les dice. *ej.* Mis hermanas me miraron incrédulas cuando les dije que había aprendido a patinar. *sin.* desconfiadas. *ant.* confiadas.

increíble [in•cre••í•ble] / unbelievable

adj. Que es difícil de creer. *ej.* Lo que estoy leyendo me parece increíble. ¿Por qué me gustarán tanto los cuentos de ciencia ficción? *sin.* inaudito. *ant.* cierto.

incrementar [in•cre•men•tar] / increase

v. Hacer algo más grande o aumentar la cantidad. *ej.* Si haces deporte, tu estatura y fuerza se van a incrementar. *sin.* acrecentar. *ant.* disminuir.

indiferente [in•di•fe•ren•te] / indifferent

adj. Sin interés, que no le da importancia a algo. *ej.* El calor me es indiferente y el frío también. *sin.* despreocupa. *ant.* entusiasma.

indignado [in•dig•na•do] / indignant

adj. Que está molesto, inconforme. *ej.* José estaba indignado porque pisaron su jardín. *sin.* enfadado. *ant.* contento.

inesperadamente [i•nes•pe•ra•da•men•te] / unexpectedly

adv. Que sucede sin que lo esperen. *ej.* Cuando se nos terminó el dinero, inesperadamente nos encontró mi papá. *sin.* repentinamente.

inevitable [i•ne•vi•ta•ble] / inevitable

adj. Que no se puede evitar pues va a suceder de cualquier forma. *ej.* Todos los niños tienen que crecer, eso es inevitable. *sin.* forzoso. *ant.* evitable.

infancia [in•fan•cia] / childhood

s. La parte de la vida en la que se es niño. *ej.* Los juguetes se hicieron para la infancia.
sin. niñez. *ant.* madurez.

infección [in•fec•ción] / infection

s. Enfermedad causada por virus. *ej.* Por comer sin lavarme las manos, adquirí una infección. *sin.* contagio.*ant.* desinfección.

infinitos [in•fi•ni•tos] / infinite

adj. Que nunca se acaban. *ej.* No puedes contar los granos de arena que hay en el mar porque son infinitos.

inflaba [in•fla•ba] / inflated

v. inflar Llenar de aire algo. *ej.* En la montaña, el aire se nos metía a las camisas y las inflaba.

inflamación [in•fla•ma•ción] / inflammation

s. Cuando una parte del cuerpo se hincha y duele. *ej.* Tengo una inflamación en la mejilla porque me sacaron una muela. *sin.* hinchazón.

influido [in•flu•i•do] / influenced

v. influir Que una persona o cosa cause algún efecto en otra persona o cosa. *ej.* Lo siento, me enojé porque estaba influido por algo malo que me dijeron. *sin.* afectado.

informaba [in•for•ma•ba] / informed

v. informar Decir algo para que los demás se enteren.
ej. Su jefe informaba que tendría un nuevo salario.

infundirse [in•fun•dir•se] / instill

v. infundir Provocar un sentimiento o un estado de ánimo.
ej. Para infundirse valor, el clavadista se concentra antes de lanzarse a la alberca. *sin.* animar. *ant.* renunciar.

ingresar [in•gre•sar] / enter

v. Entrar a algún lugar. *ej.* Para ingresar al club de lectura, debes donar un libro a la biblioteca. *sin.* inscribirse. *ant.* salirse.

injusticia [in•jus•ti•cia] / injustice

s. Algo que no es justo, que no se lo merece a quien lo hacen. *ej.* Quitar algo a alguien más pequeño que tú es una injusticia. *sin.* abuso. *ant.* justicia.

inmediatamente [in•me•dia•ta•men•te] / immediately

adv. Que se hace rápido, al instante. *ej.* ¡Recoge eso inmediatamente! *sin.* rápidamente. *ant.* lentamente.

inmenso [in•men•so] / immense

adj. Que es muy grande. *ej.* El universo es inmenso. *sin.* enorme. *ant.* limitado.

inmigrantes [in•mi•gran•tes] / immigrants

adj. Quien llega a vivir a otro país.
ej. En este país hay inmigrantes de Europa, de África, de Asia, de México y América del Sur.

inmóvil [in•mó•vil] / immobile
adj. Que no se mueve. *ej.* Cuando me escondí, permanecí inmóvil detrás de las cortinas. *sin.* quieto. *ant.* móvil.

inocencia [i•no•cen•cia] / innocence
s. Sencillez, que no es complicado. *ej.* Los niños son el ejemplo de la inocencia porque su mente es nueva y limpia.
sin. pureza. *ant.* malicia.

No ser culpable. *ej.* El acusado demostró su **inocencia**.

inofensivo [i•no•fen•si•vo] / harmless
adj. Que no hace daño. *ej.* Mi perro es inofensivo, pero el de mi vecino no. *sin.* pacífico. *ant.* astuto.

inoportuno [i•no•por•tu•no] / untimely
adj. Que está fuera de tiempo, que no llega en el momento adecuado. *ej.* Llegó en un momento inoportuno. Era la hora de la comida. *sin.* inadecuado. *ant.* oportuno.

inquieta [in•quie•ta] / restless
adj. Intranquila, que no está quieta.
ej. Mi hermana está inquieta esperando la llamada de su amigo Paco. *sin.* ansiosa.
ant. tranquila.

insiste [in•sis•te] / insists
v. insistir Repetir una petición para convencer de algo. *ej.* Mi amigo me insiste que juguemos beisbol con los vecinos.
sin. persiste. *ant.* renuncia.

insolencia [in•so•len•cia] / insolence

s. Decir algo que ofende. *ej.* Gritarle a una persona mayor es una insolencia. *sin.* atrevimiento. *ant.* cortesía.

insoportable [in•so•por•ta•ble] / unbearable

adj. Que no se puede aguantar o tolerar. *ej.* El calor es insoportable, ¿vamos a la alberca? *sin.* intolerable. *ant.* soportable.

inspeccionar [ins•pec•cio•nar] / inspect

v. Examinar, reconocer algo. *ej.* Vamos a inspeccionar tu juguete para ver por qué se descompuso.

inspirará [ins•pi•ra•rá] / will inspire

v. inspirar Hacer que alguien tenga ideas para inventar algo. *ej.* Ver la luna llena sobre la playa te inspirará para escribir un poema. *sin.* sugerirá. *ant.* desorientará.

insuficiente [in•su•fi•cien•te] / insufficient

adj. Que no alcanza, no es suficiente. *ej.* El dinero que juntamos para hacer un club es insuficiente. *sin.* escaso. *ant.* suficiente.

instalar [ins•ta•lar] / install

v. Colocar un aparato en el lugar adecuado para que pueda funcionar. *ej.* Vamos a instalar un timbre nuevo en mi casa. *sin.* acomodar. *ant.* desmontar.

instantes [ins•tan•tes] / instants
s. Muy poco tiempo. *ej.* Dentro de unos instantes veremos nuestro programa favorito. *sin.* momentos.

insultando [in•sul•tan•do] / insulting
v. insultar Decir algo ofensivo a alguien. *ej.* ¿Por qué estabas insultando a esa persona si no te hizo nada? *sin.* ofendiendo. *ant.* alabando.

intensa [in•ten•sa] / intense
adj. Que tiene mucha acción, que es muy dinámica. *ej.* Tuvimos una práctica de natación muy intensa. *sin.* enérgica. *ant.* débil.

intentado [in•ten•ta•do] / tried
v. intentar Animarse a hacer algo. *ej.* Nadie ha intentado subir tan alto. *sin.* probado. *ant.* desistido.

interesan [in•te•re•san] / have interest
v. interesar Gustar o sentirse atraído por algo o alguien. *ej.* Me interesan los libros de piratas y también los de monstruos. *sin.* cautivan. *ant.* aburren.

interpone [in•ter•po•ne] / interpose
v. interponer Detener, bloquear. *ej.* Su salud se interpone para que pueda competir. *sin.* obstaculiza. *ant.* ayuda.

interpretar [in•ter•pre•tar] / interprete
v. Explicar el significado de algo.
ej. Para interpretar esta lectura debes consultar un libro de historia. *sin.* comprender.
ant. confundir.

La representación de un papel que hace un actor en una obra. *ej.* María va a **interpretar** el papel de la abuela en la obra de teatro de la escuela.

intrépida [in•tré•pi•da] / intrepid
adj. Que es valiente, audaz.
ej. Mi hermana es intrépida. ¡Va a ir a África! *sin.* decidida.
ant. cobarde.

intrigados [in•tri•ga•dos] / intrigued
adj. Que tienen curiosidad acerca de algo. *ej.* Estamos muy intrigados por conocer el final de esta película. *sin.* curiosos.
ant. desinteresados.

invadió [in•va•dió] / invaded
v. invadir Cuando alguien o algo entra en un espacio que no es suyo y trata de apoderarse de él. *ej.* Cuando me contaste esa historia me invadió la tristeza. *sin.* entró.

irónica [i•ró•ni•ca] / ironic
adj. Decir algo con tono burlón. *ej.* No me agradas cuando eres irónica para decir las cosas. *sin.* sarcástica. *ant.* respetuosa.

irritable [i•rri•ta•ble] / short-tempered
adj. Que se enoja con facilidad. *ej.* El papá de Miguel es muy irritable. *sin.* regañón. *ant.* tranquilo.

islote [is•lo•te] / small island
s. Isla pequeña donde no vive nadie.
ej. Creímos que era un islote, pero resultó ser una ballena.

jactándose [jac•tán•do•se] / boasting

v. jactarse Que presume de las cosas buenas que hace o que tiene. *ej.* Laura se la pasa jactándose de su habilidad para tocar el piano. *sin.* presumiendo.

jadean [ja•de•an] / pant

v. jadear Respirar rápido y mucho para tratar de recuperar el aire después de haber hecho ejercicio. *ej.* Los perros jadean cuando tienen sed y los humanos cuando nos cansamos. *sin.* resoplan. *ant.* calman.

jaibas [jai•bas] / crabs

s. Un tipo de cangrejo. *ej.* Las jaibas con limón y salsa picante son deliciosas.

jaripeo [ja•ri•pe•o] / mexican rodeo

s. Así se le llama en México al rodeo, que es un concurso de montar reses y caballos. *ej.* Los charros organizaron un jaripeo en un rancho.

jarochos [ja•ro•chos] / jarochos

adj. Así se les dice a las personas que son del puerto de Veracruz, en México. *ej.* Los jarochos tienen una forma muy especial de hablar.

jazmines [jaz•mi•nes] / jasmine

s. Flores blancas de olor agradable. *ej.* El olor de los jazmines de tu jardín llega hasta mi casa.

jerga [jer•ga] / jargon

s. Es una forma de hablar especial que usan en ciertos trabajos. *ej.* Al principio casi no les entendía nada, pero pronto aprendí su jerga. *sin.* jerigonza.

jornada [jor•na•da] / day's work

s. Lo que dura el trabajo de una persona cada día. *ej.* En mi trabajo, la jornada es desde las 8 a.m. hasta las 5 p.m. *sin.* turno.

Qué + significa

Viaje. *ej.* Llegar hasta ese condado va a ser una larga **jornada**.

júbilo [jú•bi•lo] / mirth

s. Alegría muy grande. *ej.* Me lleno de júbilo cuando me invitan a una fiesta. *sin.* felicidad. *ant.* tristeza.

juicio [jui•cio] / trial

s. Ir con un juez para que decida quién tiene razón o si hay un culpable. *ej.* Al final del juicio, el acusado sabrá si va a la cárcel o no. *sin.* interrogatorio.

juncos [jun•cos] / reeds

s. Plantas que se dan en lugares con mucha agua o humedad, de tallos muy largos y duros. *ej.* Los juncos crecen a la orilla del río.

juzgar [juz•gar] / judge

v. Opinar sobre algo. *ej.* Después de que les cuente el chiste, todos van a juzgar si es bueno o no. *sin.* decidir. *ant.* descalificar.

kiosko [kios•ko] / kiosk

s. Es una construcción pequeña, con techo pero sin paredes, que se pone en las plazas o parques. *ej.* En el parque hay un kiosko donde los músicos tocan.

labrador [la•bra•dor] / peasant

s. Persona que cultiva la tierra.
ej. Al ver sus campos sembrados, el labrador sonrió con orgullo.
sin. agricultor.

ladrona [la•dro•na] / thief

adj. Persona que roba cosas.
ej. Descubrieron a la mujer que había robado las joyas y la arrestaron por ladrona. *sin.* ratera. *ant.* honrada.

lamentó [la•men•tó] / regretted

v. lamentar Sentir tristeza o arrepentimiento por algo.
ej. Mi primo lamentó no haber venido a mi fiesta.
sin. sintió. *ant.* festejó.

lamería [la•me•rí•a] / would lick

v. lamer Pasar la lengua por encima de algo. *ej.* Mi perro lamería con gusto el dulce que te estás comiendo.

lamosas [la•mo•sas] / mossy

adj. Que están cubiertas por lama, una especie de lodo que se forma en charcos y ríos. *ej.* Ten cuidado al pisar las piedras porque están lamosas y te puedes resbalar.

lanceoladas [lan•ceo•la•das] / lance shaped

adj. Que tienen forma de lanza.
ej. A las hojas de algunos árboles se les llama lanceoladas por su forma puntiaguda.

lánguido [lán•gui•do] / weak
adj. Que le falta fuerza, está débil. *ej.* Te ves lánguido, ¿estás enfermo? *sin.* cansado. *ant.* enérgico.

lanudos [la•nu•dos] / woolly
adj. Que tienen lana, como los borregos. *ej.* Los borregos son animales lanudos.

lanza [lan•za] / lance
s. Un arma que se avienta, formada por un palo largo con una punta afilada. *ej.* Los antiguos guerreros luchaban con armadura, lanza y espada.

Qué + significa

Arrojar. *ej.* El niño **lanza** la pelota.

lástima [lás•ti•ma] / pity
s. Sentir compasión. *ej.* Sintió lástima por el perrito herido. *sin.* piedad. *ant.* insensibilidad.

laúd [la•úd] / lute
s. Instrumento musical de cuerdas, parecido a una guitarra. *ej.* A los reyes les gustaba que les cantaran con música de laúd.

lava [la•va] / lava
s. Material ardiente que arrojan los volcanes y que al endurecerse forma rocas. *ej.* Ríos de lava escurrían de lo alto del volcán.

lechuza [le•chu•za] / barn owl
s. Un ave nocturna de ojos grandes. *ej.* Caminaba anoche por el parque, cuando vi a una lechuza que me observaba desde la rama de un árbol.

lentamente [len•ta•men•te] / slowly

adv. Ir despacio. *ej.* Acércate lentamente y sin hacer ruido para que lo sorprendas. *sin.* suavemente. *ant.* rápidamente.

lentejuelas [len•te•jue•las] / sequins

s. Un adorno que se pone en los vestidos. Son redondas, pequeñas y brillantes. *ej.* Mi traje de bailarina para el espectáculo de talentos está cubierto de lentejuelas.

leyendas [le•yen•das] / legends

s. Historias que son en parte verdad y en parte fantasía, sobre sucesos y personas de hace mucho tiempo. *ej.* En los países de América Latina se conocen muchas leyendas como la de *La Llorona*. ¿La conoces? *sin.* mitos. *ant.* verdades.

lianas [lia•nas] / lianas

s. Es un tipo de planta de tallo largo y flexible que se encarama en los árboles del bosque tropical. *ej.* Las lianas se dan en la selva.

lienzo [lien•zo] / linen

s. Una tela. *ej.* Fui con mi mamá a comprar un lienzo para hacer un vestido.

límites [lí•mi•tes] / limits

s. El fin de algo; hasta donde llega algo. *ej.* ¿Conoces los límites de la ciudad? *sin.* término. *ant.* principio.

Qué + significa

La tela sobre la que hacen sus cuadros los pintores. *ej.* Este **lienzo** fue pintado por Picasso, así que vale mucho.

lindes [lin•des] / boundaries

s. Límites de algo. *ej.* Éstos son los lindes de mi casa. Un paso más allá, pertenece a mi vecino. *sin.* separación.

lino [li•no] / linen

s. Planta de la que se sacan unas fibras que sirven para hacer tela. *ej.* En el rancho de mis tíos cultivan lino.

linternas [lin•ter•nas] / flashlights

s. Aparato que arroja luz para ver en la oscuridad. *ej.* Los mineros encendieron sus linternas para iluminar la mina. *sin.* lámparas.

lirón [li•rón] / dormouse

s. Es un animal pequeño que parece ratón, vive en el monte y duerme todo el invierno. Se le dice así a la gente que duerme mucho. *ej.* El bebé duerme como un lirón.

listo [lis•to] / clever

adj. Que es inteligente, astuto. *ej.* Es muy listo, siempre hace primero que todos la tarea. *sin.* talentoso. *ant.* torpe.

Que está preparado o preparada para hacer algo. *ej.* Debes estar **listo** a las 8 de la mañana.

litera [li•te•ra] / bunk beds

s. Camas pequeñas que se ponen una encima de la otra y ocupan poco espacio. *ej.* Mi hermano y yo dormimos en una litera y a mí me toca abajo.

literalmente [li•te•ral•men•te] / literally

adv. Que se sigue una indicación al pie de la letra. Que debe entenderse o hacerse exactamente lo que significa la palabra. *ej.* Cuando digo que volé con ese brinco, lo digo literalmente: ¡volé! *sin.* exactamente.

llamaradas [lla•ma•ra•das] / flare-up

s. Una llama que se levanta del fuego y se apaga pronto. *ej.* El Sol es como un planeta del que salen llamaradas.

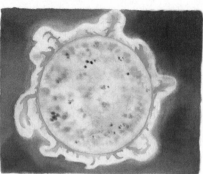

llanura [lla•nu•ra] / plain

s. Un terreno o campo que es parejo, sin hundimientos ni elevaciones. *ej.* Encontramos una llanura para jugar futbol. *sin.* planicie. *ant.* montaña.

llovizna [llo•viz•na] / drizzle

s. Lluvia ligera. *ej.* Es sólo una llovizna, pero como quiera voy a usar paraguas.

locutor [lo•cu•tor] / radio announcers

s. Persona que habla por el micrófono en las estaciones de radio. *ej.* El locutor de mi estación favorita puso la canción que le pedí.

lujo [lu•jo] / luxury

s. Que es elegante y caro. *ej.* Fuimos a un restaurante de lujo. *sin.* suntuoso. *ant.* sobrio.

lupa [lu•pa] / magnifying glass

s. Es un cristal que sirve para que las cosas se vean más grandes. *ej.* A través de una lupa puedes ver la cara de las hormigas.

machaca [ma•cha•ca] / crushes

v. machacar Golpear algo para hacerlo pedacitos, aplastarlo o hacerlo polvo. *ej.* El obrero machaca la lámina con un mazo. *sin.* tritura.

machete [ma•che•te] / machete

s. Un cuchillo grande que se usa en el campo. *ej.* Los campesinos cortan la caña con machete.

macho [ma•cho] / male

s. En los animales, se le dice así al hombre. *ej.* El toro es el macho de la vaca. *ant.* hembra.

madeja [ma•de•ja] / skein

s. Hilo hecho bola o recogido en forma circular. *ej.* A mi gato le gusta jugar con una gran madeja de hilo que hay en la casa.

madriguera [ma•dri•gue•ra] / burrow

s. Cuevas en las que viven algunos animales. *ej.* En nuestro recorrido por la granja, encontramos una madriguera de conejos.

madrugadores [ma•dru•ga•do•res] / early risers

adj. Que se levantan muy temprano. *ej.* En mi escuela van a dar un premio a los estudiantes más madrugadores.

maduros [ma•du•ros] / ripe

adj. En el campo, cuando los frutos ya están listos para ser cosechados y comidos. *ej.* Si vas a comer duraznos, fíjate bien que ya estén maduros, pues te pueden hacer daño. *sin.* blandos. *ant.* verdes.

magia [ma•gia] / magic

s. Encanto, atractivo, un poder especial. *ej.* Esa patineta tiene magia. ¡Me gusta mucho! *sin.* seducción. *ant.* desagrado.

magnetismo [mag•ne•tis•mo] / magnetism

s. Es el poder que tienen los imanes de atraer a las cosas de hierro o a otros imanes. *ej.* En clase de ciencias estamos estudiando el magnetismo.

mainato [mai•na•to] / mynah

n. Un tipo de pájaro pequeño. *ej.* Al mainato le gusta recoger objetos brillantes.

majestuosa [ma•jes•tuo•sa] / majestic

adj. Que tiene majestad, grandeza y superioridad. *ej.* El águila real vuela majestuosa, por algo es la reina de las aves. *sin.* espléndida. *ant.* modesta.

maleducado [mal•e•du•ca•do] / bad-mannered

adj. Que tiene malos modales. *ej.* Ese niño es un maleducado, nunca saluda cuando nos encontramos. *sin.* grosero. *ant.* educado.

malhumorada [mal•hu•mo•ra•da] / bad-tempered

adj. Que está enojada. *ej.* Lucía está malhumorada porque no le dieron permiso de salir a jugar con sus amigas. *sin.* enfadada. *ant.* alegre.

maliciosa [ma•li•cio•sa] / wicked

adj. Que hace o dice cosas con una mala intención. *ej.* Su forma de mirar es maliciosa, mejor vámonos. *sin.* pícara. *ant.* ingenua.

maltratado [mal•tra•ta•do] / battered

adj. Que está descuidado o descompuesto. *ej.* Vimos un carro tan maltratado que hasta parecía que había chocado. *sin.* dañado. *ant.* cuidado.

malvada [mal•va•da] / evil

adj. Que es muy mala. *ej.* En el cuento, la madrastra era malvada y despiadada. *sin.* perversa. *ant.* buena.

malvaviscos [mal•va•vis•cos] / marshmallows

s. Un dulce suave y esponjoso. *ej.* Me regalaron una bolsa de malvaviscos de varios sabores. *sin.* bombones.

mamíferos [ma•mí•fe•ros] / mammals

s. Animales que sus hijos se forman en el vientre de sus mamás y cuando nacen, toman leche que sus mismas mamás producen. *ej.* Los elefantes, los monos y los humanos son mamíferos.

manadas [ma•na•das] / herds

s. Grupos de animales que andan juntos. **ej.** En el Viejo Oeste había manadas de búfalos corriendo por las praderas.

manantial [ma•nan•tial] / spring

s. Agua que surge del interior de la tierra y de donde nacen los ríos.
ej. En la montaña encontramos un manantial y bebimos su agua.
sin. venero. **ant.** desembocadura.

mandados [man•da•dos] / errands

s. Se le dice así a las compras de la casa, especialmente la comida. **ej.** Mi mamá hace los mandados por la mañana, mientras estoy en la escuela.

mandona [man•do•na] / bossy

adj. Que manda más de lo que debe. Que da demasiadas órdenes. **ej.** Mi hermana mayor es una mandona.
sin. autoritaria. **ant.** obediente.

manivela [ma•ni•ve•la] / crank

s. Palanca que gira. **ej.** En el auto del tío Pablo, tienes que girar una manivela para abrir las ventanillas.

mapache [ma•pa•che] / raccoon

s. Animal de piel gris y cola esponjada con círculos blancos y negros. **ej.** Vimos a un mapache subiendo a un árbol.

maqueta [ma•que•ta] / model

s. Muestras de algo que todavía no existe. **ej.** Antes de hacer un edificio, los arquitectos hacen una maqueta para mostrar cómo será la construcción.

maracas [ma•ra•cas] / maracas

s. Instrumento musical que consiste en una calabaza con granos de maíz adentro. También se hacen de plástico y de metal. *ej.* Me trajeron unas maracas de Brasil.

marca [mar•ca] / record

s. El resultado que obtiene un deportista en una prueba. *ej.* El corredor estableció su propia marca. Será difícil que alguien la rompa. *sin.* récord.

margaritas [mar•ga•ri•tas] / daisies

s. Flores blancas de centro amarillo. *ej.* Ana se puso margaritas en el pelo para que combinaran con su vestido blanco.

mariachis [ma•ria•chis] / mariachis

s. Orquesta mexicana donde los músicos se visten de charros. *ej.* Lo mejor para alegrar una fiesta son los mariachis.

marionetas [ma•rio•ne•tas] / puppets

s. Muñecos que se manejan con hilos. *ej.* El domingo nos llevaron a un teatro de marionetas. *sin.* títeres.

masa [ma•sa] / batter

s. Es una materia blanda y espesa que resulta de mezclar un líquido (como agua) con un polvo (como harina). *ej.* En mi casa están preparando masa para hacer un pastel.

mascotas [mas•co•tas] / pets

s. Animales que las personas llevan a vivir con ellas como compañía. *ej.* Yo prefiero a los perros como mascotas.

mascullar [mas•cu•llar] / mumble

v. Hablar de manera que no se entienda lo que se dice. *ej.* No hay que mascullar las palabras porque la gente puede pensar que no quieres tener amigos.

mástil [más•til] / mast

s. Un palo derecho que sirve para sostener algo, como una vela, una tienda de campaña, una bandera, etc. *ej.* Colgaron una manta del mástil que decía: "Se solicitan marineros".

matas [ma•tas] / small plants

s. Plantas pequeñas. *ej.* Mi mamá tiene matas de tomate, chile y frijol. *sin.* arbustos.

maternidad [ma•ter•ni•dad] / maternity

s. Hospital donde nacen los niños. *ej.* Fuimos a la maternidad a conocer a nuestra nueva hermanita.

máximo [má•xi•mo] / maximum

adj. Lo más a que puede llegar algo. *ej.* El entrenador nos pidió dar nuestro máximo esfuerzo en la competencia. *sin.* extremo. *ant.* mínimo.

mazorca [ma•zor•ca] / cob

s. Fruto con muchos granos, como el maíz. *ej.* En México a la mazorca de maíz le llaman elote.

mazos [ma•zos] / mallets

s. Martillos grandes. *ej.* Los obreros derribaron la pared golpeándola con mazos.

mecánicos [me•cá•ni•cos] / mechanics

s. Personas que arreglan máquinas. *ej.* Los mecánicos repararon el auto de mi papá. *sin.* técnicos.

mecanismo [me•ca•nis•mo] / mechanism

s. Las partes de una máquina, puestas en su lugar correcto. *ej.* Le quitamos la tapa a un reloj para conocer su mecanismo. *sin.* dispositivo.

mecedora [me•ce•do•ra] / rocking chair

s. Silla con una base curva que permite que se mueva de adelante hacia atrás. *ej.* Mi abuela se sienta en su mecedora a ver fotos antiguas.

meditabundo [me•di•ta•bun•do] / thoughtful

adj. Que está pensativo. *ej.* Andaba tan meditabundo que no me di cuenta cuando llegaste. *sin.* reflexivo. *ant.* irreflexivo.

melodiosa [me•lo•dio•sa] / melodious

adj. Que es agradable escucharla. *ej.* Mi tía Laura canta con una voz melodiosa. *sin.* grata. *ant.* desagradable.

memorable [me•mo•ra•ble] / memorable

adj. Que merece ser recordado. *ej.* Ese viaje a la selva fue una aventura memorable. *sin.* inolvidable. *ant.* olvidable.

mendigo [men•di•go] / beggar

s. Persona que pide limosna para vivir. *ej.* El mendigo nos pidió algo para comer. *sin.* limosnero. *ant.* millonario.

menea [me•ne•a] / shake

v. menear Mover algo de un lado a otro con rapidez. *ej.* En la cocina, Carmen menea el caldo con una cuchara grande.

mentira [men•ti•ra] / lie

s. Algo que es falso, que no es verdad. *ej.* Es mentira que el planeta Tierra es cuadrado. *sin.* engaño. *ant.* verdad.

mentolado [men•to•la•do] / mentholated

adj. Que tiene menta o sabor u olor a menta. *ej.* Cuando me dio gripa, me dieron una medicina de sabor mentolado.

merienda [me•rien•da] / snack

s. Comida que se hace antes de la cena y después del mediodía. *ej.* De merienda nos dieron pastel.

meseta [me•se•ta] / plateau

s. Un terreno plano, pero que se encuentra a mucha altura. *ej.* Cuando subíamos por la montaña, encontramos una meseta y ahí descansamos.

meta [me•ta] / goal

s. El final de una carrera. Adonde se quiere llegar. *ej.* El primero en llegar a la meta ganó un trofeo. *sin.* término. *ant.* inicio.

mezcolanza [mez•co•lan•za] / jumble

s. Una mezcla extraña, hasta ridícula. *ej.* Esa mezcolanza de colores que usaste en tu dibujo no se ve bien.

microbios [mi•cro•bios] / germs

s. Animales pequeñísimos que sólo pueden verse con un microscopio. *ej.* Lávate las manos antes de comer para que no tengas microbios en ellas.

migas [mi•gas] / crumbs

s. Pedazos pequeños de pan o de cualquier otra cosa. *ej.* Si comes pan, recoge las migas que se te caigan. *sin.* migajas. *ant.* hogaza.

Qué + significa

- La parte interior y más blanda del pan. *ej.* A mí me gusta más comer lo de afuera del pan, pero mi hermana prefiere la **miga.**
- Hacer amistad con alguien. *ej.* Hice buenas **migas** con los nuevos vecinos.

migratorias [mi•gra•to•rias] / migratory

adj. Se refiere a algunos animales que en cierto momento del año viajan a lugares cálidos. *ej.* Las golondrinas son aves migratorias porque cuando empieza el invierno se van a otra parte.

mija [mi•ja] / daughter

s. Hija. *ej.* ¿Oíste? Mi mamá gritó "¡Mija, a dormir!".

mímica [mí•mi•ca] / mime

s. Decir algo sin palabras, usando sólo gestos. *ej.* Estamos ensayando una obra donde todo lo decimos con mímica, no se permite hablar.

miniatura [mi•nia•tu•ra] / miniature

adj. Copia de un objeto hecha en un tamaño muy pequeño. *ej.* Tengo una colección de coches miniatura.

miope [mio•pe] / nearsighted

adj. Que no ve bien de lejos. *ej.* Soy un poco miope, por eso uso lentes.

mirlo [mir•lo] / blackbird

s. Pájaro de color negro que imita sonidos y hasta la voz humana. *ej.* Tenemos un mirlo en la pajarera.

miscelánea [mis•ce•lá•nea] / miscellany

s. Tienda pequeña en la que venden de todo un poco. *ej.* En la calle donde vivo hay una miscelánea en la que venden desde dulces hasta libros y periódicos.

misión [mi•sión] / task

s. Una tarea que se le pide a una o a varias personas que se encarguen de cumplirla. *ej.* Tu misión es atrapar a ese gato.
sin. encargo, tarea.

Qué + significa

La casa donde viven los religiosos misioneros. *ej.* El Álamo fue una **misión**, donde los sacerdotes españoles enseñaban a los indígenas.

misterio [mis•te•rio] / mystery

s. Algo que no se puede explicar.
ej. Si existe o no vida en otros planetas, es un misterio.
sin. enigma. *ant.* evidencia.

modales [mo•da•les] / manners
s. La forma de comportarse. Si tiene buenos modales, es que la persona es bien educada. *ej.* No es de buenos modales comer con la boca abierta.

modo [mo•do] / way
s. Forma, estilo. *ej.* El modo como golpeas la pelota es admirable. *sin.* manera.

monstruoso [mons•truo•so] / monstrous
adj. Que es horrible y tiene características de un monstruo.
ej. Hiciste un dibujo monstruoso, a nadie le va a gustar.
sin. espantoso. *ant.* bonito.

montón [mon•tón] / bundle
s. Muchas cosas juntas y en desorden. *ej.* ¿Por qué tienes un montón de zapatos en tu cama?

monumental [mo•nu•men•tal] / monumental
adj. Que es muy grande. *ej.* El nuevo edificio es monumental.
sin. grandioso. *ant.* minúsculo.

monumento [mo•nu•men•to] / monument

s. Una construcción muy valiosa por ser muy antigua o muy bella. También puede ser una estatua hecha en honor a un héroe o a un suceso histórico. *ej.* Éste es el monumento a los veteranos de todas las guerras.

moros [mo•ros] / moorish

s. Árabes del norte de África o de religión musulmana. *ej.* Los moros eran enemigos de los cristianos hace mucho tiempo.

mortero [mor•te•ro] / mortar

s. Una especie de vaso en el que se muelen hierbas, medicamentos, etc. *ej.* Mira, ése es el mortero de la farmacia.

mosquitos [mos•qui•tos] / mosquitoes

s. Pequeños insectos voladores. *ej.* A José no le gusta el campo porque hay mosquitos.

motivo [mo•ti•vo] / motive

s. Causa por la que se hace algo. *ej.* ¿Cuál fue el motivo por el que te fuiste ayer? *sin.* razón. *ant.* consecuencia.

móvil [mó•vil] / mobile

s. Un adorno con figuras que se mueven. *ej.* En mi recámara tengo un móvil con la forma del sistema solar.

Qué + significa

Que puede moverse. *ej.* En casa tenemos un teléfono **móvil** para llevarlo a cualquier parte.

muchedumbre [mu•che•dum•bre] / crowd

s. Grupo numeroso de personas reunidas en un lugar. *ej.* El domingo en el centro comercial no se podía ni caminar, pues había una muchedumbre. *sin.* gentío.

mueca [mue•ca] / grin

s. Movimiento de la cara debido a una emoción. *ej.* Hizo una mueca de disgusto cuando probó el pastel. *sin.* gesto.

multitud [mul•ti•tud] / crowd

s. Muchas personas u objetos juntos.
ej. Se juntó una multitud para ver
la competencia de ajedrez.
sin. muchedumbre.

muralismo [mu•ra•lis•mo] / muralism

s. Hacer pinturas artísticas en grandes
muros o paredes. *ej.* Un grupo de
pintores mexicanos inventó el muralismo para llevar el arte
fuera de los museos.

murciélagos [mur•cié•la•gos] / bats

s. Mamíferos que vuelan de noche, tienen colmillos y viven en
desvanes, cuevas o edificios abandonados. *ej.* No entren a esa
casa abandonada porque puede haber murciélagos.

murmuró [mur•mu•ró] / whispered

v. murmurar Hablar muy bajito, entre dientes. *ej.* No pude
oírlo bien porque murmuró lo que me dijo. *sin.* susurró.
ant. gritó.

musculoso [mus•cu•lo•so] / muscular

adj. Que es fuerte, con músculos
bastante desarrollados. *ej.* Cuando
crezca quiero ser musculoso.

musgo [mus•go] / moss

s. Planta pequeña que crece en
lugares oscuros, sobre piedras o hasta
debajo del agua. *ej.* Las piedras
cubiertas de musgo parece que están
cubiertas por una alfombra verde.

nabo [na•bo] / turnip
s. Se llama así a una planta y también a su raíz que se puede comer. *ej.* El alimento preferido de mis conejos es el nabo.

nacarados [na•ca•ra•dos] / pearly
adj. Que tiene el color y el brillo del nácar. El nácar es una sustancia dura y blanca que producen algunos animales marinos en su concha. *ej.* Te felicito, tus dientes son nacarados, se ve que los cuidas.

naturaleza [na•tu•ra•le•za] / nature
s. Todo lo que nos rodea que no ha sido hecho por personas: los animales, las plantas, el paisaje, etc. *ej.* Los amantes de la naturaleza luchan contra la contaminación. Únete a su equipo. *sin.* campo.

navegar [na•ve•gar] / sail
v. Viajar en un barco o lancha, o ser la persona que maneja ese barco. *ej.* Mi tío me está enseñando a navegar su velero.

neblina [ne•bli•na] / fog
s. Niebla no muy espesa y baja. *ej.* Había tanta neblina que no vi a mi vecino Jaime que también iba en bicicleta.

necedades [ne•ce•da•des] / nonsense
s. Palabras o acciones tontas. *ej.* Piensa bien antes de hablar para que no digas necedades. *sin.* bobería. *ant.* acierto.

nerviosamente [ner•vio•sa•men•te] / nervously

adv. Que se hace con inquietud, con los nervios alterados.
ej. Como hice la prueba nerviosamente, me equivoqué en
varios ejercicios. *sin.* inquietamente. *ant.* tranquilamente.

nochebuenas [no•che•bue•nas] / poinsettias

s. Flores grandes y rojas que se usan
como adornos en Navidad. Sólo
florecen en el invierno. *ej.* A mi
abuela le gusta poner
nochebuenas en el pino
de Navidad.

nostalgia [nos•tal•gia] / homesickness

s. Sentimiento de querer algo que no se tiene cerca, como
un amigo, un familiar o la casa cuando se está lejos de ella.
ej. Cuando viví en Nueva York, sentí mucha nostalgia por el
lugar en que nací. *sin.* añoranza. *ant.* alegría.

novedoso [no•ve•do•so] / new

adj. Que es nuevo. *ej.* Me
regalaron un juguete muy
novedoso, nunca había visto
uno igual. *sin.* innovador.
ant. tradicional.

nunca [nun•ca] / never

adv. En ninguna ocasión; ninguna vez. *ej.* Nunca he ido
a la luna. *sin.* jamás. *ant.* siempre.

oasis [o•a•sis] / oasis

s. Un lugar en el desierto en el que sí hay árboles y agua. *ej.* Por suerte encontramos un oasis, porque ya no aguantábamos la sed.

obedecer [o•be•de•cer] / obey

v. Hacer lo que se pide hacer. *ej.* Debemos obedecer a todas las indicaciones que nos hacen los maestros en la escuela. *sin.* cumplir. *ant.* desobedecer.

obelisco [o•be•lis•co] / obelisk

s. Un monumento en forma de pico que se pone en algunas plazas. *ej.* En Washington, D.C. hay un obelisco que trajeron desde Egipto.

obsequios [ob•se•quios] / gifts

s. Algo que se regala. *ej.* En mi cumpleaños me dieron muchos obsequios. *sin.* regalos.

observó [ob•ser•vó] / watched

v. observar Mirar con atención. *ej.* Pamela observó todos los detalles de la pintura que estaba en el museo. *sin.* contempló. *ant.* descuidó.

ocultarme [o•cul•tar•me] / hide

v. ocultar Esconderse una persona para que no la vean. *ej.* Voy a ocultarme y estoy seguro de que no me vas a encontrar. *sin.* cubrirme. *ant.* mostrarme.

ocurren [o•cu•rren] / happen

v. ocurrir Suceder algo.
ej. ¿Dónde ocurren más accidentes, en la calle o en la banqueta?
sin. acontecen. *ant.* fallan.

Qué + significa

Ir a alguna parte. *ej.* Los ciclistas **ocurren** a esta pista los domingos.

odio [o•dio] / hate

s. Sentimiento de desagrado y enojo hacia algo o alguien.
ej. Siento odio por la sopa de verduras. Pero sé que tengo que comerla porque tiene muchas vitaminas. *sin.* repugnancia. *ant.* agrado.

ofendido [o•fen•di•do] / offended

adj. Que está molesto y dolido por algo que le dijeron o hicieron. *ej.* Ya no estoy ofendido contigo, pues ya me pediste perdón. *sin.* humillado. *ant.* elogiado.

oficio [o•fi•cio] / work

s. Trabajo o profesión a la que se dedica una persona. *ej.* Yo soy de oficio bombero y mi hermano es policía. *sin.* ocupación.

ojeada [o•jea•da] / glimpse

s. Mirada rápida. *ej.* Di una ojeada a las tiras cómicas del periódico. *sin.* vistazo.

olfateando [ol•fa•tean•do] / sniffing

v. olfatear Cuando un animal usa el olfato para buscar algo. *ej.* Los perros ovejeros están olfateando la campiña en busca de la oveja perdida. *sin.* oliendo.

omito [o•mi•to] / omit

v. omitir Dejar de hacer o decir algo. *ej.* Hasta cuando me enojo omito las malas palabras. *sin.* suprimo. *ant.* menciono.

ondeó [on•deó] / waved

v. ondear Que algo se mueva haciendo ondas, como una bandera cuando sopla el viento. *ej.* El hombre perdido ondeó su pañuelo para que lo vieran desde el helicóptero.

ondulando [on•du•lan•do] / undulating

v. ondular Hacer ondas; moverse formando eses (como la letra "s"). *ej.* Caminé ondulando porque estaba muy mareado.

opcional [op•cio•nal] / optional

adj. Que se puede hacer o no hacer. *ej.* Nos dijeron que debíamos comer la sopa y la ensalada, pero que comer el postre era opcional.

oportunidad [o•por•tu•ni•dad] / chance

s. Ocasión, momento en el que se puede hacer algo en especial. *ej.* ¿Tienes oportunidad de ayudarme ahora? *sin.* posibilidad. *ant.* contratiempo.

optimismo [op•ti•mis•mo] / optimism

s. Ver las cosas con alegría, por el lado bueno. *ej.* El que conoce el optimismo nunca se enoja y es más feliz. *sin.* ánimo. *ant.* pesimismo.

ordenado [or•de•na•do] / tidy

v. ordenar Acomodar, poner en orden. *ej.* Después de la fiesta, vinieron unas muchachas a limpiar y acomodar, y dejaron todo muy ordenado. *sin.* organizado. *ant.* desorganizado.

orejudos [o•re•ju•dos] / long-eared

adj. Que tiene las orejas muy largas. *ej.* Los conejos y los burros son animales orejudos.

organizan [or•ga•ni•zan] / organize

v. organizar Ponerse de acuerdo para hacer algo. *ej.* Cuando ellas organizan una fiesta, se les olvida hasta el hambre. *sin.* coordinan. *ant.* desorganizan.

orgulloso [or•gu•llo•so] / proud

adj. Contento de sí mismo, presumido. *ej.* Estoy muy orgulloso de mis dibujos porque me quedaron excelentes. *sin.* satisfecho.

oriente [o•rien•te] / orient

s. El lado Este. *ej.* El sol sale por el oriente.

origen [o•ri•gen] / origin

s. Donde nace o empieza algo. *ej.* El origen de este río está en lo alto de aquellas montañas. *sin.* principio. *ant.* fin.

Qué + significa

Guiar, decir cómo hacer algo. *ej.* Señor, necesito que me **oriente**, ¿cómo llego al museo de arte?

original [o•ri•gi•nal] / original

adj. Que es único, distinto a los demás. *ej.* ¡Tienes una recámara muy original! Llena de dragones, espadas y armaduras. *sin.* singular. *ant.* ordinaria.

orondo [o•ron•do] / smug

adj. Orgulloso, presumido. *ej.* Caminé muy orondo con mis botas nuevas. *sin.* ufano. *ant.* modesto.

ortigas [or•ti•gas] / nettles

s. Una planta que puede producir picazón si se le toca. *ej.* Gracias a las botas, las espinas y las ortigas no me picaban.

oscilantes [os•ci•lan•tes] / swinging

adj. Que se mueve hacia los lados. *ej.* Las llamas de la fogata son oscilantes porque sopla el viento y las agita.

otear [o•tear] / scan

v. Mirar con cuidado desde un lugar elevado. *ej.* Como vas a ser el vigía, tienes que subir a ese árbol y otear alrededor. *sin.* revisar. *ant.* descuidar.

otorgarán [o•tor•ga•rán] / will give

v. otorgar Dar, entregar algo como un favor o como una recompensa por una acción bien hecha. *ej.* Al final del concurso otorgarán premios a los ganadores. *sin.* concederán. *ant.* negarán.

ovacionaron [o•va•cio•na•ron] / gave an ovation

v. ovacionar Aclamar, dar un aplauso fuerte. *ej.* Todas las personas del auditorio ovacionaron al campeón. *sin.* aplaudieron. *ant.* abuchearon.

pacientemente [pa•cien•te•men•te] / patiently

adv. Hacer algo con paciencia, con calma. *ej.* Debemos esperar pacientemente a que sean vacaciones. *sin.* calmadamente. *ant.* desesperadamente.

país [pa•ís] / country

s. Región que abarca varias ciudades y pueblos, con un solo gobernante (rey, presidente, etc.). *ej.* Mi país es Estados Unidos, el de María es México y el de Jean es Francia. *sin.* nación.

paisaje [pai•sa•je] / landscape

s. Espacio al aire libre que se alcanza a ver desde un lugar, como una ventana, un carro, un avión, etc. *ej.* Me gusta el paisaje de Arizona, porque hay montañas con formas muy extrañas. *sin.* panorama.

Qué + significa

Pintura de una escena al aire libre. *ej.* En la sala de mi casa hay un **paisaje** enmarcado.

palmadas [pal•ma•das] / pats

s. Golpes dados con la palma de la mano o chocando la palma de una mano con la palma de la otra. *ej.* Cuando dé tres palmadas, todos se levantan a bailar.

palmo [pal•mo] / palm

s. Es una medida que equivale a lo que mide una mano de un adulto desde el dedo más pequeño hasta el pulgar. *ej.* Yo mido como un palmo más que tú.

panal [pa•nal] / honeycomb

s. Un grupo de celdas o pequeñas cajas, puestas todas juntas, que hacen las abejas y las avispas para guardar la miel. *ej.* No te acerques ahí porque hay un panal y las abejas podrían picarte.

pantanos [pan•ta•nos] / swamps
s. Terreno hundido, como si fuera un pozo grande, en el que se junta agua con lodo. *ej.* En algunos pantanos viven cocodrilos.

papel [pa•pel] / part
s. Cada personaje de una obra de teatro o película. *ej.* Me dieron el papel del policía en la obra de la escuela. *sin.* rol.

Material sobre el que se puede escribir o dibujar. *ej.* En la papelería venden todo tipo de **papel**: hojas blancas, cartulinas y de muchos tipos más.

parabrisas [pa•ra•bri•sas] / windshield
s. Cristal que va al frente de los autos que protege a los viajeros del viento o lluvia. *ej.* La lluvia caía tan fuerte sobre el parabrisas que casi no se podía ver.

paralizado [pa•ra•li•za•do] / paralyzed
adj. Que no puede moverse. *ej.* En la película, un rayo dejó paralizado al marciano. *sin.* inmovilizado.

parientes [pa•rien•tes] / relatives
s. Familiares, como papás, hermanos, tíos, primos, abuelos, etc. *ej.* En Navidad voy a ver a todos mis parientes.

participantes [par•ti•ci•pan•tes] / participants
s. Los que participan o son parte de algo. *ej.* Todos los participantes en el viaje deberán estar aquí mañana muy temprano. *sin.* integrantes.

partituras [par•ti•tu•ras] / musical score

s. Papeles con instrucciones para los músicos. *ej.* Como estoy tomando clases de guitarra, me encargaron comprar unas partituras.

parvada [par•va•da] / flock

s. Un grupo de pájaros que vuelan juntos. *ej.* Cuando veas volar a la primera parvada de golondrinas, será porque empieza la primavera. *sin.* bandada.

pasatiempos [pa•sa•tiem•pos] / hobbies

s. Actividades que se hacen para divertirse. *ej.* Hay pasatiempos para todos los gustos: deportes, ajedrez, juegos de video, libros, películas. *sin.* entretenimientos.

pasmados [pas•ma•dos] / astonished

adj. Quedarse sin hacer nada por un momento debido a una sorpresa. *ej.* Se quedaron pasmados cuando les dije que quería ser astronauta. *sin.* aturdidos. *ant.* tranquilos.

patines [pa•ti•nes] / skates

s. Zapato con ruedas, o una base con ruedas que se agrega a los zapatos, para deslizarse. *ej.* Estoy aprendiendo a usar mis patines, pero todavía me caigo a veces.

pavor [pa•vor] / dread

s. Tener mucho miedo. *ej.* Mi hermana más chica le tiene pavor a las arañas. *sin.* pánico. *ant.* audacia.

peceras [pe•ce•ras] / aquariums

s. Una vasija de cristal a la que se le pueden poner agua y peces. *ej.* El acuario está lleno de peceras chicas y grandes, con peces de diferentes tipos.

pedaleaba [pe•da•lea•ba] / pedaled

v. pedalear Empujar los pedales para que se mueva el triciclo, bicicleta o carro infantil.
ej. Pedaleaba lo más que podía para llegar antes que todos.

pegajosa [pe•ga•jo•sa] / sticky

adj. Que se pega con facilidad. *ej.* Mis estampas de beisbol tienen una sustancia pegajosa por atrás para poder pegarlas en el álbum.

pencas [pen•cas] / bunches

s. Racimos de plátanos. Grupos de plátanos que crecen juntos en una misma rama. *ej.* En las plantaciones no cortan cada plátano sino pencas completas que ponen en cajas.

pensativo [pen•sa•ti•vo] / deep in thought

adj. Que piensa tanto que no se da cuenta de lo que pasa alrededor. *ej.* No me di cuenta cuando llegaste, es que estaba muy pensativo. *sin.* ensimismado. *ant.* distraído.

penúltima [pe•núl•ti•ma] / penultimate

adj. Que va antes de la última. *ej.* Ésta es la última galleta, cómetela tú porque yo me comí la penúltima.

peral [pe•ral] / pear tree

s. Árbol que da peras. *ej.* El domingo visitamos una huerta y me senté a leer a la sombra de un peral.

pérate [pé•ra•te] /wait

v. esperar Forma de decir "espérate" en algunos lugares de México. *ej.* Pérate tantito, deja acabar esto y luego vamos al cine.

percatara [per•ca•ta•ra] / noticed

v. percatar Darse cuenta de algo. *ej.* Antes de que se percatara, ya había metido los pies en el charco. Su traje quedó lleno de manchas. *sin.* advirtiera. *ant.* ignorara.

perejil [pe•re•jil] / parsley

s. Es una planta pequeña, color verde, de la que se saca un condimento que también se llama perejil y se usa en muchos alimentos. *ej.* ¿Has probado los frijoles con perejil?

perezoso [pe•re•zo•so] / lazy

adj. Que es flojo. *ej.* No seas perezoso, ya levántate. *sin.* holgazán. *ant.* activo.

perico [pe•ri•co] / parrot

s. Ave de plumas coloridas y pico curvo, que a veces puede imitar la voz humana y da gritos agudos y desagradables. *ej.* Cuando hablo mucho dicen que parezco perico. *sin.* cotorro.

periódico [pe•rió•di•co] / newspaper

s. Un papel con las noticias del día anterior y que la gente lee para estar informada. *ej.* Mi papá lee el periódico mientras desayuna. *sin.* diario.

Qué + significa

Algo que se repite cada cierto tiempo. *ej.* El verano es **periódico,** así como el otoño, el invierno y la primavera.

peripecias [pe•ri•pe•cias] / incidents

s. Dificultades, problemas. *ej.* Tuve algunas peripecias, por eso llegué tarde. *sin.* accidentes. *ant.* previsiones.

permaneció [per•ma•ne•ció] / stayed

v. permanecer Quedarse en un mismo lugar. *ej.* El gato permaneció toda la noche en el tejado.

permitidos [per•mi•ti•dos] / allowed

adj. Que tienen permiso. *ej.* En esta casa sí están permitidos los animales.

perplejo [per•ple•jo] / puzzled

adj. Que está confundido, con muchas dudas. *ej.* Este cuento de misterio me dejó perplejo.

perseguido [per•se•gui•do] / pursued

v. perseguir Seguir a alguien o a algo para alcanzarlo o atraparlo. *ej.* Te he perseguido por todo el parque hasta que por fin te alcancé.

persistente [per•sis•ten•te] / persistent

adj. Que hace las cosas muchas veces hasta lograr lo que quiere. *ej.* Eres tan persistente con tus clases de piano, que serás un buen pianista. *sin.* constante. *ant.* inconstante.

personajes [per•so•na•jes] / characters

s. Cada una de las personas o seres que aparecen en un cuento, película, novela, programa de TV, etc. *ej.* Uno de mis personajes favoritos es Winnie Pooh, ¿cuáles son los tuyos?

Qué + significa

Una persona famosa o importante. *ej.* El alcalde y el director de la escuela son algunos de los **personajes** de esta ciudad.

pesadamente [pe•sa•da•men•te] / heavily

adv. Que hace algo con lentitud, como si cargara mucho peso. *ej.* El gigante caminó pesadamente hacia su castillo. *sin.* gravemente. *ant.* ligeramente.

petición [pe•ti•ción] / petition

s. Algo que se pide. *ej.* Tengo una petición que hacerte: ¡cómprame un caramelo! *sin.* solicitud. *ant.* orden.

petirrojo [pe•ti•rro•jo] / robin-red breast

s. Ave pequeña, de color gris, con el pecho, el cuello y la frente de color rojo. *ej.* El Pájaro Loco es la caricatura de un petirrojo.

petroglifos [pe•tro•gli•fos] / petroglyphs

s. Dibujos o escritos hechos sobre piedras, tallándolas con un cuchillo, hacha, etc. *ej.* En la excursión de la escuela descubrimos unos petroglifos.

pezuñas [pe•zu•ñas] / hooves

s. Las uñas de las patas de algunos animales, como las vacas. *ej.* Vimos huellas de pezuñas y al seguirlas encontramos al ganado perdido.

piaron [pia•ron] / cheeped
v. piar Un grito agudo, como el de ciertos pájaros. *ej.* Los pollitos piaron tanto que pensé que lloraban.

picaporte [pi•ca•por•te] / latch
s. Pieza que tienen algunas puertas, sirve para sonar y que quienes estén adentro escuchen y abran. *ej.* Hice sonar el picaporte varias veces, hasta que por fin abrieron.

piloteaba [pi•lo•tea•ba] / flew
v. pilotear Conducir un auto, barco, avión, etc. *ej.* Mi abuelo piloteaba aviones de guerra.

pincel [pin•cel] / brush
s. Es una herramienta para pintar. Está hecho de un palito que tiene en un extremo un montón de pelos o cerdas. *ej.* Con mis pinturas de agua, una cartulina y un pincel voy a pintar un bello paisaje.

pinchó [pin•chó] / pricked
v. pinchar Cuando un objeto puntiagudo se clava en algo suave. *ej.* La espina del rosal me pinchó el dedo cuando quise cortarlo.

pinturas [pin•tu•ras] / paintings
s. Dibujos hechos con pinturas. *ej.* Todas las pinturas que hicimos en la clase de arte están colgadas en la pared. *sin.* cuadros.

Qué + significa

Líquidos de colores que se usan para pintar. *ej.* Tengo **pintura** roja, azul y amarilla, pero negra ya se me acabó.

piñata [pi•ña•ta] / piñata
s. Una vasija llena de dulces y cubierta de papel de colores, que se usa en algunas fiestas para que los niños la rompan. *ej.* Ven, vamos a pegarle a la piñata, a ver quién la rompe primero.

piratas [pi•ra•tas] / pirates
s. Ladrones del mar; hombres que asaltaban barcos. *ej.* Dicen que los barcos piratas usaban una bandera negra con una calavera. *sin.* corsarios.

pistas [pis•tas] / clues
s. Señales o huellas que pueden usarse para resolver un crimen o un misterio. *ej.* La policía no deja pasar al área del robo hasta que no recojan todas las pistas. *sin.* indicios.

Qué + significa

Espacio para bailar en un salón. *ej.* En esta fiesta hay dos **pistas** de baile.

pitón [pi•tón] / python
s. Un tipo de serpiente de gran tamaño. *ej.* Una serpiente pitón es capaz de tragarse a un elefante bebé.

placer [pla•cer] / pleasure
s. Gusto, sensación agradable. *ej.* En verano es un placer estar dentro de una alberca. *sin.* gozo. *ant.* desagrado.

plagado [pla•ga•do] / plagued
adj. Que está lleno de algo malo. *ej.* Tu jardín está plagado de hierbas con espinas. *sin.* cubierto. *ant.* vacío.

plancton [planc•ton] / plankton
s. Animales y plantas pequeñísimos que flotan en el mar o en los lagos. *ej.* Los peces se alimentan del plancton.

planeta [pla•ne•ta] / planet

s. Es un objeto muy grande que flota en el espacio y da vueltas alrededor de una estrella. *ej.* Nosotros vivimos en el planeta Tierra.

planetario [pla•ne•ta•rio] / planetarium

s. Un edificio donde se muestran los planetas y las estrellas en pequeño, para que podamos conocerlos. *ej.* Este fin de semana papá me llevará al planetario.

plantíos [plan•tí•os] / patches

s. Tierras donde se plantan vegetales. *ej.* Fui a conocer los plantíos de tomate de mis tíos.

platicaba [pla•ti•ca•ba] / talked

v. platicar Hablar sobre un tema. *ej.* Laura me platicaba sobre su viaje cuando llamaron a la puerta. *sin.* conversaba. *ant.* callaba.

pobreza [po•bre•za] / poverty

s. Falta de comida, casa, ropa, dinero. *ej.* Debemos ayudar a los que sufren pobreza. *sin.* carencia. *ant.* riqueza.

poderoso [po•de•ro•so] / powerful

adj. Que tiene poder, fuerza. *ej.* El animal de la selva más poderoso es el elefante. *sin.* fuerte. *ant.* débil.

poemas [po•e•mas] / poems

s. Textos escritos en verso. *ej.* A mi hermana mayor le gustan los poemas de amor.

polen [po•len] / pollen

s. Un pequeño polvo que tienen las flores. *ej.* Las abejas vuelan sobre las flores y se llevan polen en sus patitas.

políglota [po•lí•glo•ta] / polyglot

adj. y *s.* Persona que habla varias lenguas. *ej.* Mi tío Ramón es políglota; habla inglés, español, francés, japonés e italiano.

polizones [po•li•zo•nes] / stowaways

s. Personas que viajan a escondidas sin pagar boleto. *ej.* Van a revisar las bodegas del barco, para ver si no hay polizones.

polos [po•los] / poles

s. Los dos extremos de un imán. Se llaman polo positivo y polo negativo. *ej.* Los polos opuestos se atraen y los polos iguales se rechazan.

polvorones [pol•vo•ro•nes] / crumbly shortbread

s. Un dulce hecho con harina, manteca y azúcar que se deshace en polvo al momento de comerlo. *ej.* Cómprame unos polvorones y un jugo de manzana.

ponchera [pon•che•ra] / punch bowl

s. Una vasija donde se prepara y sirve el ponche. *ej.* La ponchera la llenan con agua y algunos hielos, luego le agregan los sabores.

porristas [po•rris•tas] / cheerleaders

s. Muchachas que animan a un equipo deportivo saltando, gritando y haciendo al público que también anime al equipo. *ej.* Las porristas animaron al equipo de la escuela y lanzaron porras.

portada [por•ta•da] / cover

s. La parte de adelante de un libro o revista. *ej.* Casi todas las revistas ponen una foto en su portada.

portazo [por•ta•zo] / slam

s. Sonido que se oye cuando una puerta se cierra con mucha fuerza. *ej.* El viento cerró la puerta y se escuchó un portazo.

pórtico [pór•ti•co] / porch

s. Un sitio que tiene techo y columnas. *ej.* Cuando llegamos al hotel, atravesamos un pórtico para pasar a la recepción.

posó [po•só] / posed

v. posar Quedarse mucho tiempo en una misma posición, para que un pintor o fotógrafo pueda hacer un retrato. *ej.* Mi perrito posó para el fotógrafo de unos comerciales.

potentes [po•ten•tes] / powerful

adj. Que tienen mucho poder, mucha fuerza. *ej.* Los motores de los autos Fórmula 1 son más potentes que los de los autos familiares. *sin.* poderosos. *ant.* débiles.

práctico [prác•ti•co] / practical

s. Una persona que ayuda a los barcos a navegar en ciertos lugares, porque conoce el lugar muy bien. *ej.* El práctico acompañó al capitán en el viaje.

pradera [pra•de•ra] / meadow

s. Terreno o campo plano y con pasto. *ej.* Hace muchos años, en esta pradera se veían búfalos.

precalentar [pre•ca•len•tar] / preheat

v. Hacer que se caliente un aparato antes de usarlo. *ej.* Antes de meter el pastel, hay que precalentar el horno.

precipitadamente [pre•ci•pi•ta•da•men•te] / impulsively

adv. Hacer algo sin pensarlo, con mucha prisa. *ej.* Por querer ganar el concurso, hice las cosas precipitadamente y me salieron mal. *sin.* apresuradamente. *ant.* tranquilamente.

precisamente [pre•ci•sa•men•te] / precisely

adv. De manera exacta. *ej.* Precisamente estábamos hablando de ti. *sin.* justamente. *ant.* equivocadamente.

precisos [pre•ci•sos] / precise

adj. Que son necesarios para algo. *ej.* Para resolver este problema de división, debes seguir los pasos precisos. *sin.* indispensables. *ant.* inexactos.

preferidos [pre•fe•ri•dos] / favorites

adj. Los que más gustan. *ej.* Mis cuentos preferidos son Blancanieves y Pulgarcito. *sin.* favoritos. *ant.* despreciados.

pregona [pre•go•na] / proclaims

v. pregonar Decir algo en público para que todos se enteren. *ej.* El vendedor pregona lo que vende para que vayamos a comprarle. *sin.* anuncia. *ant.* calla.

prehistórica [pre•his•tó•ri•ca] / prehistoric

adj. Que es de la prehistoria, de hace mucho tiempo. *ej.* Ese esqueleto es de un ave prehistórica que vivió hace un millón de años.

Que algo ya es antiguo, pasado de moda. *ej.* Esa bicicleta es **prehistórica**, seguro era de tu papá cuando era niño.

prendedor [pren•de•dor] / pin

s. Broche que las mujeres usan como adorno. *ej.* Mi hermana usa en el cabello un prendedor con forma de oso.

preocuparse [pre•o•cu•par•se] / worry about

v. preocupar Sentir inquietud o miedo por algo. *ej.* No hay que preocuparse, aquí no hay arañas. *sin.* angustiarse. *ant.* despreocuparse.

presa [pre•sa] / catch

s. Alguien o algo que ha sido atrapado o capturado. *ej.* La liebre cayó presa en la trampa, pero pude liberarla. *sin.* prisionera. *ant.* libre.

presenciar [pre•sen•ciar] / witness

v. Ver algo; estar presente cuando ocurre. *ej.* Vamos a presenciar una lluvia de estrellas. *sin.* asistir. *ant.* abandonar.

prestas [pres•tas] / ready

adj. Que están preparadas para hacer algo. *ej.* Las muchachas están prestas para iniciar el baile. *sin.* dispuestas. *ant.* lentas.

presumido [pre•su•mi•do] / vain

adj. Que habla mucho de sí mismo o de las cosas buenas que hace. *ej.* Ya deja de hablar del jonrón que pegaste en el partido, no seas presumido. *sin.* jactancioso. *ant.* modesto.

previo [pre•vio] / former

adj. Que va antes o que sucede antes. *ej.* Previo a la carrera, deben entrenar todos los días. *sin.* anterior. *ant.* posterior.

principal [prin•ci•pal] / main

adj. Lo primero; lo más importante. *ej.* La playa principal de Florida es Miami. *sin.* importante. *ant.* secundario.

principio [prin•ci•pio] / beginning

s. El inicio de algo. *ej.* Al principio estaba nervioso, después toqué la guitarra sin equivocarme en ninguna nota. *sin.* comienzo. *ant.* término.

P p

prisa [pri•sa] / hurry
s. Que tiene poco tiempo.
ej. Tengo prisa porque se nos va el avión. *sin.* presuramiento. *ant.* calma.

proceso [pro•ce•so] / process
s. Los pasos que se deben seguir y en qué orden, para completar algo. *ej.* El entrenador nos enseñó el proceso para nadar bajo el agua. *sin.* procedimiento.

procurarse [pro•cu•rar•se] / obtain
v. procurar Conseguir algo. *ej.* Para procurarse alimento, unos animales cazan, otros buscan hojas o hierbas. *sin.* obtener. *ant.* dejar.

proeza [pro•e•za] / feat
s. Hacer algo muy valiente. *ej.* Tarzán hacía la proeza de luchar con tigres y leones, y vencerlos. *sin.* hazaña. *ant.* cobardía.

profesional [pro•fe•sio•nal] / professional
s. Que se dedica a una profesión y sabe cómo practicarla. *ej.* Mi papá es un profesional de la reparación de computadoras.

profundamente [pro•fun•da•men•te] / deeply
adv. Que se hace con mucha intensidad. *ej.* Cuando juego mucho, regreso y me duermo profundamente. *sin.* intensamente. *ant.* ligeramente.

promesa [pro•me•sa] / promise
s. Comprometerse a hacer algo. *ej.* Hice una promesa:
no voy a comer chocolates hasta que no aprenda a multiplicar.
sin. juramento. *ant.* incumplimiento.

pronóstico [pro•nós•ti•co] / prediction
s. Decir que va a ocurrir algo que todavía no pasa. *ej.* Mi papá
escucha todos los días el pronóstico del tiempo. Así sabe si va
a llover o a hacer frío mañana.

propaga [pro•pa•ga] / spreads
v. propagar Que una cosa se
extiende. *ej.* El fuego se
propaga rápidamente por el
bosque. *sin.* expande.
ant. limita.

proponiendo [pro•po•nien•do] / proposing
v. proponer Recomendar hacer algo. *ej.* Me están
proponiendo que vaya a pasar las vacaciones con mis abuelos.
sin. sugiriendo. *ant.* disuadiendo.

protagonista [pro•ta•go•nis•ta] / main character
s. El personaje más importante
de una historia. *ej.* El
protagonista de Pinocho es un
muñeco que se vuelve niño.

Qué + significa

El que es el principal o la causa de un
acontecimiento. *ej.* Yo fui el **protagonista** en mi
fiesta de cumpleaños.

protegiendo [pro•te•gien•do] / protecting
v. proteger Cuidar algo para que no le pase nada. *ej.* Estoy
protegiendo unas plantas para que no las pisen.

protestó [pro•tes•tó] / protested

v. protestar Quejarse de algo. *ej.* Mi papá protestó porque no estaba lista la comida. *sin.* reclamó. *ant.* aprobó.

protuberantes [pro•tu•be•ran•tes] / protuberant

adj. Que se destacan, que sobresalen.
ej. Las orejas del elefante son protuberantes.
sin. sobresalientes. *ant.* insignificantes.

proyectos [pro•yec•tos] / projects

s. Planes para hacer algo. *ej.* Entre nuestros proyectos, tenemos el de dar la vuelta al mundo en patines. *sin.* intenciones.
ant. resultados.

prudencia [pru•den•cia] / prudence

s. Inteligencia, sensatez. *ej.* Admiro tu prudencia para no cruzar la calle corriendo. *sin.* cordura. *ant.* temeridad.

púas [pú•as] / sharp points

s. Espinas, picos. *ej.* El puerco espín tiene el cuerpo lleno de púas.

publican [pu•bli•can] / publish

v. publicar Imprimir una obra para que esté al alcance del público.
ej. Ellos publican sus propios libros.

pulir [pu•lir] / polish

v. Dar brillo a algo. *ej.* En vacaciones van a pulir el piso de la escuela. *sin.* lustrar.

pulpa [pul•pa] / pulp

s. Una sustancia de madera molida con agua. Sirve para hacer papel. *ej.* Gracias a los árboles, hay pulpa para hacer papel.

quejaban [que•ja•ban] / complained

v. Expresar un disgusto. *ej.* Todos se quejaban del calor.
sin. protestaban. *ant.* aceptaban.

quetzal [quet•zal] / quetzal

s. Ave que vive en México y
América Central. *ej.* El quetzal
luce un espléndido plumaje
verde y rojo.

Moneda principal de Guatemala, un país de
América Central. *ej.* Para ir de vacaciones a
Guatemala, cambiamos dólares por **quetzales**,
la moneda de ese país.

quieto [quie•to] / still

adj. Que no se mueve. *ej.* El
sapo está tan quieto que
parece una estatua. *sin.* inmóvil. *ant.* inquieto.

quilla [qui•lla] / keel

s. Una pieza que se pone por abajo de los barcos, desde la proa
hasta la popa. *ej.* Una roca marina dañó la quilla, tendremos
que detenernos.

quinqué [quin•qué] / hurricane lamp

s. Lámpara que tiene un
recipiente con aceite o petróleo y
la llama se protege con un tubo
de cristal. *ej.* A la tía Julia le
gusta alumbrar su terraza con un
quinqué.

quisquillosa [quis•qui•llo•sa] / touchy

adj. Persona que se ofende con facilidad por cosas sin
importancia. Persona demasiado exigente. *ej.* Mi hermana
Rosa es quisquillosa, siempre cree que nos burlamos de ella.
sin. delicada. *ant.* tolerante.

rabia [ra•bia] / anger

s. Sentir mucho enojo.
ej. Tenía tanta rabia que
hasta se puso rojo.
sin. coraje. *ant.* amabilidad.

racha [ra•cha] / on a roll

s. Una temporada de buena
suerte. *ej.* Tengo tan buena racha, que se me
hace que compro un billete para la lotería.

racimos [ra•ci•mos] / bunches

s. Un grupo de uvas (o de algún otro
fruto) sostenidas por un mismo tallo
y una misma rama. *ej.* Les llevé un
plato con varios racimos de uvas.

radar [ra•dar] / radar

s. Aparato que usan los barcos y los
aviones para saber qué hay adelante o cerca de ellos.
ej. El radar es como los ojos de los aviones.

radiante [ra•dian•te] / radiant

adj. Que es brillante. *ej.* Esa
lámpara es tan radiante que me
hace cerrar los ojos.
sin. resplandeciente. *ant.* oscuro.

rancho [ran•cho] / ranch

s. Lugar donde se crían animales.
ej. Mis tíos tienen un rancho con
muchas vacas. *sin.* granja.

Qué + significa

Enfermedad contagiada por los perros.
ej. Hay que vacunar a los perros contra
la **rabia.**

rara [ra•ra] / strange

adj. Que es extraña, poco común. *ej.* ¡Qué puerta tan rara! No veo por dónde se abre. *sin.* inusual. *ant.* normal.

ras [ras] / level with

s. Al mismo nivel. Pasar casi tocando un objeto *ej.* Vi un pájaro volar al ras del suelo.

rasguños [ras•gu•ños] / scratches

s. Raspones, pequeñas cortaduras que se hacen con las uñas o con un objeto que corta. *ej.* Me caí y me hice algunos rasguños.

raspados [ras•pa•dos] / scuffed

adj. Que tienen raspaduras o rayas. *ej.* Mis patines están raspados de tanto usarlos.

rastros [ras•tros] / trail

s. Huella, señal que queda en lugar de algo que existió u ocurrió. *ej.* En México y América Central quedan rastros de la cultura maya. *sin.* vestigios.

rasuraba [ra•su•ra•ba] / shaved

v. rasurar Cortar el bigote, la barba o el pelo al ras de la piel con una navaja o una máquina de afeitar. *ej.* Vi cómo se rasuraba mi papá. *sin.* afeitaba.

raudas [rau•das] / swift

adj. Que son rápidas y veloces. *ej.* Tratándose de recibir regalos, iremos raudas a cualquier parte. *sin.* presurosas. *ant.* lentas.

rayo [ra•yo] / lightning

s. Descarga eléctrica que cae desde las nubes que produce un relámpago y un trueno. *ej.* Dicen que el árbol se quemó porque le cayó un rayo.

razón [ra•zón] / reason

s. Lo que es cierto.
ej. Tienes razón, debemos regalar dinero a los que no tienen. *sin.* verdad.
ant. mentira.

Qué + significa

- Noticia o aviso de algo. *ej.* Mi abuela nos mandó **razón** de que fuéramos a verla.
- Causa o motivo de algo. *ej.* La **razón** por la que hoy no fui a la escuela es que estoy resfriado.

reacciona [re•ac•cio•na] / reacts

v. reaccionar Responder a algo o alguien. *ej.* Cuando duerme, Paco no reacciona más que con mucho ruido.

realistas [re•a•lis•tas] / realistics

adj. Que son como en la vida real, sin fantasías. *ej.* A mis papás les gustan las películas realistas, y a mí las caricaturas.

reata [re•a•ta] / rope

s. Cuerda o soga. *ej.* Los charros usan la reata para lazar vaquillas.

rebanada [re•ba•na•da] / slice

s. Parte que se corta de algo.
ej. ¿Quieres una rebanada de pastel?
sin. fracción.

rebaño [re•ba•ño] / flock

s. Grupo grande de animales, como ovejas o vacas. *ej.* Mi papá cuidaba un rebaño de cabras cuando era niño.

rebelde [re•bel•de] / rebellious
adj. Que no obedece, que está en contra de algo.
ej. Tú siempre eres el rebelde: si traemos zapatos, usas tenis, si usamos gorra, tú no lo haces. *sin.* indisciplinado. *ant.* obediente.

rebota [re•bo•ta] / bounce
v. Que algo choque con el suelo o contra algo firme, y el choque lo mande de regreso. *ej.* Mi pelota rebota más alto que la tuya.

receptivas [re•cep•ti•vas] / receptive
adj. Que quieren recibir, que ponen atención porque les interesa algo. *ej.* Las niñas son muy receptivas cuando les hablas de canciones.

rechazaban [re•cha•za•ban] / refused
v. rechazar No querer algo. *ej.* Ustedes rechazaban la comida el otro día porque ya habían comido. *sin.* rehusaban. *ant.* aceptaban.

reciclado [re•ci•cla•do] / recycled
adj. Que un material se usa de nuevo. *ej.* En mi escuela usamos papel reciclado: en el que ya está usado por un lado, nosotros escribimos por el otro.

recolectar [re•co•lec•tar] / recollect
v. Reunir objetos o frutas que están dispersos. *ej.* Vamos a recolectar piedras de distintos colores. *sin.* recoger. *ant.* extender.

recompensa [re•com•pen•sa] / rewards

s. Premios o ganancias que se reciben por hacer algo. *ej.* En el Viejo Oeste, daban dinero como recompensa por atrapar delincuentes. *sin.* retribución. *ant.* castigo.

recordó [re•cor•dó] / remembered

v. recordar Pensar en cosas que sucedieron antes o en cosas que se aprendieron antes. *ej.* Cuando la maestra le preguntó, recordó todas las letras del alfabeto.

recuperar [re•cu•pe•rar] / recover

v. Volver a tener algo que una vez se tuvo y luego se perdió. *ej.* Necesito recuperar mi balón que cayó encima de tu techo. *sin.* recobrar. *ant.* perder.

redacte [re•dac•te] / write

v. redactar Escribir algo. *ej.* Me pidieron que redacte una carta al alcalde.

reemprendió [re•em•pren•dió] / resume

v. reemprender Continuar una actividad que se había interrumpido. *ej.* Después de unos minutos, el autobús reemprendió el viaje. *sin.* siguió. *ant.* suspendió.

refieran [re•fie•ran] / refer

v. Que tengan que ver o traten acerca del tema del que se está hablando o buscando. *ej.* Busco libros que se refieran a magos y dragones. *sin.* relacionen.

reflejo [re•fle•jo] / reflex

s. Que la imagen de algo o de alguien se forme sobre otra cosa, como un lago, charco, cristal, etc. *ej.* Vi tu reflejo en el aparador de una tienda y me puse a buscarte.

reforzó [re•for•zó] / reinforced

v. reforzar Dar más fuerzas a algo o a alguien; apoyar. *ej.* Lo que tú dijiste reforzó lo que yo dije antes y eso los convenció. *sin.* fortaleció. *ant.* debilitó.

refrescante [re•fres•can•te] / refreshing

adj. Que refresca, que quita el calor. *ej.* Caer en la alberca fue refrescante.

refrigerio [re•fri•ge•rio] / snack

s. Algo ligero y rápido para comer. *ej.* Antes de la cena, tomamos un refrigerio porque teníamos mucha hambre. *sin.* bocadillo.

refugiado [re•fu•gia•do] / refugee

s. Alguien que huye de algún peligro y se le protege. *ej.* Él es un refugiado, vive con nosotros porque en su ciudad un huracán causó muchos desastres.

refunfuñando [re•fun•fu•ñan•do] / grumbling

v. refunfuñar Gruñir, hacer sonidos de enojo. *ej.* Ya deja de estar refunfuñando y vete a dormir. *sin.* rezongando. *ant.* aceptando.

regañó [re•ga•ñó] / scolded

v. regañar Llamar la atención, corregir a alguien. *ej.* El guardia regañó a los que ensuciaron el parque. *sin.* reprendió. *ant.* aprobó.

regatea [re•ga•te•a] / bargains

v. regatear Discutir el precio de algo que se quiere comprar, para que salga más barato. *ej.* Mi hermano regatea el precio de unos hot dogs en la feria.

registró [re•gis•tró] / registered

v. registrar Examinar una cosa con atención para encontrar algo que puede estar oculto. *ej.* El agente aduanal registró todas nuestras maletas. *sin.* revisó.

relajarse [re•la•jar•se] / relax

v. Descansar. *ej.* El domingo es un día para relajarse. *sin.* divertirse. *ant.* tensionarse.

relata [re•la•ta] / tell

v. relatar Que cuenta una historia. *ej.* Cuando regresa de viaje, mi papá nos relata todo lo que vio. *sin.* narra. *ant.* calla.

relincharon [re•lin•cha•ron] / neighed

v. relinchar Que los caballos hicieron oír su voz. *ej.* Los caballos relincharon cuando se incendió el granero.

remate [re•ma•te] / top

s. El extremo, el tope de algo. *ej.* Cuando digo loco de remate, quiero decir completamente loco.

Qué + significa

Una subasta. *ej.* Mis vecinos están haciendo un **remate** de juguetes, discos y muebles viejos en su cochera.

remedio [re•me•dio] / remedy

s. Solución, cura para una enfermedad. *ej.* Dicen que a veces el remedio es peor que la enfermedad. *sin.* tratamiento. *ant.* enfermedad.

remover [re•mo•ver] / remove
v. Quitar algo de un lugar.
ej. Tuvimos que remover las hojas
secas del jardín antes de ponernos
a jugar. *sin.* mover. *ant.* dejar.

remuerde [re•muer•de] / remorses
v. remorder Sentir inquietud por
algo que no se hizo correctamente.
ej. Me remuerde la conciencia por no
haberte ayudado con tu tarea.
sin. arrepiento. *ant.* consuelo.

renegando [re•ne•gan•do] / grumcomplaining
v. renegar Protestar en voz baja por algo. *ej.* Si en lugar
de pasártela renegando practicaras, seguro ganarías ese
campeonato. *sin.* rezongando.

renovar [re•no•var] / renew
v. Hacer como nuevo algo. *ej.* Vamos a renovar la casa,
pintándola y reparando lo que haga falta. *sin.* remozar.
ant. mantener.

renuncio [re•nun•cio] / quit
v. renunciar Dejar de hacer
algo. *ej.* "Renuncio a seguir
entregando cartas", dijo el
cartero cuando vio al perro
bravo. *sin.* desisto.
ant. mantengo.

Qué + significa

Desprenderse voluntariamente de algo.
ej. **Renuncio** a mi muñeca preferida, te la
regalo con gusto.

reojo [re•o•jo] / look out of the corner of the eye
s. Ver disimuladamente. *ej.* Vi de reojo que venías, pero fingí
que no me daba cuenta, para hacerte una broma.

repeló [re•pe•ló] / complained
v. repelar Decir algo con enojo. *ej.* Mi mamá repeló cuando vio que habíamos ensuciado la casa. *sin.* rezongó. *ant.* alegró.

repentinamente [re•pen•ti•na•men•te] / suddenly
adv. Que sucede sin que nadie lo espere. *ej.* Estábamos viendo televisión y repentinamente se fue la luz. *sin.* súbitamente.

repleta [re•ple•ta] / full
adj. Que está llena hasta el tope.
ej. La tía María llegó de viaje con una maleta repleta de regalos. *sin.* colmada.
ant. vacía.

réplicas [ré•pli•cas] / replica
s. Copias de algo. *ej.* Tengo unos aviones que son réplicas de los que vimos en el aeropuerto.
sin. repeticiones. *ant.* originales.

representará [re•pre•sen•ta•rá] / will represent
v. representar Actuará; hará cierto papel en una obra de teatro.
ej. José representará a un monstruo en la obra de la escuela.

representativas [re•pre•sen•ta•ti•vas] / representatives
adj. Que son lo que distingue a alguien o algo. *ej.* Las enchiladas son representativas de la comida mexicana. *sin.* características.
ant. ajenas.

reprimida [re•pri•mi•da] / suppressed
adj. Algo que se calla o se aguanta. *ej.* Tenían la risa reprimida, hasta que no aguantaron más y soltaron la carcajada.
sin. contenida. *ant.* liberada.

reprochó [re•pro•chó] / reproached

v. reprochar Mostrar disgusto a alguien por su comportamiento con quejas y reclamos. *ej.* Juan reprochó a Mario por llegar tarde. *sin.* regañó. *ant.* aprobó.

reproducían [re•pro•du•cí•an] / reproduced

v. reproducir Hacer una copia de algo. *ej.* Los dibujantes reproducían el paisaje en sus papeles. *sin.* copiaban. *ant.* creaban.

repuso [re•pu•so] / replied

v. reponer Responder a un asunto o pregunta. *ej.* Cuando le preguntaron por el perro, él repuso que no sabía. *sin.* contestó. *ant.* calló.

requesón [re•que•són] / cottage cheese

s. Masa blanca que se deriva de la leche y se come. *ej.* De la leche de vaca se obtienen mantequilla, yogurt y requesón.

rescató [res•ca•tó] / rescued

v. rescatar Recuperar algo que ya no servía para darle un uso. *ej.* Mi tía rescató unos muebles viejos de mi abuela y los llevó a un museo.

resguardaba [res•guar•da•ba] / protected

v. resguardar Cuidar de algo. *ej.* La artista resguardaba sus joyas en una caja fuerte. *sin.* preservaba. *ant.* exponía.

resignación [re•sig•na•ción] / resignation
s. Paciencia ante el dolor o las cosas malas que suceden.
ej. Hay que tener resignación cuando nos enfermamos.
sin. tolerancia. *ant.* impaciencia.

resina [re•si•na] / resin
s. Sustancia sólida o chiclosa que producen algunas plantas. *ej.* Hay un tipo de resina que sirve para hacer pegamento.

resistente [re•sis•ten•te] / sturdy
adj. Que es fuerte, soporta mucho.
ej. El hierro es más resistente que la madera.

respectivos [res•pec•ti•vos] / respective
adj. De cada uno; de cada quien. *ej.* Tomen sus respectivos patines y vayan al parque.

resplandeciente [res•plan•de•cien•te] / shining
adj. Que brilla mucho.
ej. Después de lavar el carro, quedó resplandeciente.
sin. reluciente. *ant.* opaco.

respondió [res•pon•dió] / answered
v. responder Dar respuesta a una pregunta. *ej.* Respondió correctamente todas las preguntas. *sin.* contestó.

responsabilidad [res•pon•sa•bi•li•dad] / responsibility
s. Un deber, una obligación. *ej.* Mi responsabilidad es hacer la tarea todos los días. *sin.* exigencia. *ant.* irresponsabilidad.

restaurar [res•tau•rar] / restore

v. Arreglar, volver algo a como estaba cuando era nuevo.
ej. Vamos a restaurar un carro antiguo. *sin.* reparar.
ant. descomponer.

resto [res•to] / rest

s. Lo que sobra, lo que queda de algo. *ej.* Cómete la mitad de la pizza y el resto me lo dejas a mí. *sin.* sobrante. *ant.* total.

reto [re•to] / challenge

s. Algo que es difícil, pero se quiere hacer. *ej.* Ganar esa carrera es todo un reto para mí. *sin.* desafío.

retoma [re•to•ma] / resume

v. retomar Continuar lo que se estaba haciendo.
ej. Cuando el vendedor de helados retoma su camino, empieza a cantar. *sin.* continúa. *ant.* detiene.

retozando [re•to•zan•do] / frolicking

v. retozar Saltar y correr alegremente.
ej. Mira esos conejos retozando en el campo. *sin.* jugueteando.

reunió [reu•nió] / gathered

v. reunir Juntar a varias personas o cosas en un mismo lugar. *ej.* María nos reunió a todos en su casa. *sin.* congregó. *ant.* separó.

revelación [re•ve•la•ción] / revelation

s. Decir algo que era secreto. *ej.* Ramiro nos hizo una revelación: nos dijo cómo encontrar un tesoro.

reverencia [re•ve•ren•cia] / bow

s. Inclinar el cuerpo hacia adelante, como forma de respeto. *ej.* Los japoneses siempre saludan con una reverencia. *sin.* inclinación. *ant.* irreverencia.

reverso [re•ver•so] / back

s. La parte de atrás de algo. *ej.* Las instrucciones vienen al reverso de la caja. *sin.* dorso. *ant.* anverso.

revistas [re•vis•tas] / magazines

s. Es algo que se publica cada cierto tiempo, como el periódico, pero de tamaño más pequeño y en papel más fino. *ej.* Cuando estuve enfermo, me trajeron revistas de historietas para leer.

revolotearon [re•vo•lo•tea•ron] / fluttered

v. revolotear Dar vueltas en un mismo lugar. *ej.* Las golondrinas revolotearon sobre mi casa antes de emigrar.

riendas [rien•das] / reins

s. Cuerdas con que los jinetes frenan o hacen correr a sus caballos. *ej.* Apreté las riendas para que el caballo no fuera a correr mucho.

rifa [ri•fa] / raffle

s. Juego en el que para ganarse un regalo se debe comprar un boleto. La suerte decidirá quién gana. *ej.* La rifa va a ser de una bicicleta. *sin.* sorteo.

rigen [ri•gen] / rule

v. regir Que guían, dirigen. *ej.* En mi país las personas se rigen por leyes para vivir en armonía. *sin.* mandan.

rima [ri•ma] / rhyme

s. Los versos de una canción o poema, donde la última palabra de un verso suena muy parecido a otra palabra de otro verso. *ej.* "Gato rima con pato", éste es un verso con esfuerzo.

risita [ri•si•ta] / chuckle

s. Reír bajito, entre dientes. *ej.* Oí un ruido, como si fuera la risita de alguien, pero no vi quién fue.

rítmica [rít•mi•ca] / rhythmic

adj. Que sigue un ritmo, es decir, algo que sucede cada cierto tiempo. *ej.* Las luces del árbol de Navidad se prenden y apagan de manera rítmica, como si bailaran. *sin.* armónica. *ant.* desordenada.

rizado [ri•za•do] / curly

adj. Que tiene el cabello ondulado, lleno de rizos. *ej.* Alba tiene el cabello rizado y llora cada vez que su mamá la peina. *sin.* crespo. *ant.* lacio.

robusto [ro•bus•to] / strong

adj. Persona de cuerpo grande, fuerte y de buena salud. *ej.* El maestro de deportes es un hombre robusto. *sin.* atlético. *ant.* débil.

rodadoras [ro•da•do•ras] / desert plants

s. Plantas del desierto que cuando se secan se van rodando.
ej. El viento levanta polvo y hace moverse a las rodadoras.

rodeo [ro•de•o] / rodeo

s. Deporte de montar a pelo caballos y toros, y lazar reses, entre otras competencias.
ej. Mi hermano se puso sus botas, su sombrero y fue al rodeo.

Qué + significa

- Dar vueltas a algo. **ej.** En lugar de tanto **rodeo**, hubieras tomado un camino más corto.
- No decir algo directamente. **ej.** Tú dices las cosas con muchos **rodeos.**

romántica [ro•mán•ti•ca] / romantic

adj. Que es sentimental. **ej.** Te gustan las canciones de amor y las películas de enamorados porque eres muy romántica.

rondar [ron•dar] / patrol

v. Dar vueltas alrededor de algo.
ej. Al gato le gusta rondar el gallinero. **sin.** vigilar. **ant.** descuidar.

rondas [ron•das] / children's songs

s. Canciones para niños. **ej.** En clase de música nos enseñaron algunas rondas.

ronronear [ron•ro•near] / purr

v. Sonido parecido a un ronquido que hacen los gatos cuando están contentos. **ej.** Mi gato empieza a ronronear cuando lo acaricio.

rotación [ro•ta•ción] / rotation

s. Movimiento de un cuerpo alrededor de un eje. La Tierra, el planeta en que vivimos, gira como trompo continuamente. A ese movimiento de giros se le llama *rotación.* *ej.* La rotación de la Tierra permite que haya día y noche.

rudo [ru•do] / harsh

adj. Que es tosco, violento. *ej.* Dicen que para ser vaquero debes ser rudo. *sin.* impetuoso. *ant.* amable.

rugido [ru•gi•do] / roar

s. La voz del león, del tigre y de otros animales salvajes. *ej.* En el zoológico, escuchamos el rugido del rey de la selva, el león.

rumbo [rum•bo] / direction

s. La dirección, el camino que se sigue para llegar a un lugar. *ej.* Como íbamos hacia el mismo rumbo, nos fuimos juntos. *sin.* ruta. *ant.* desorientación.

rumores [ru•mo•res] / rumors

s. Información o datos que no se sabe si son verdaderos, pero que la gente dice o comenta. *ej.* Yo no creo en los rumores, porque a veces la gente inventa cosas. *sin.* murmuraciones. *ant.* verdades.

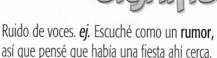

Ruido de voces. *ej.* Escuché como un **rumor,** así que pensé que había una fiesta ahí cerca.

sabia [sa•bia] / wise
adj. Que sabe mucho. *ej.* Dicen que entre más edad tiene la gente, más sabia se vuelve. *sin.* culta. *ant.* inculta.

sabihonda [sa•bi•hon•da] / know-it-all
adj. Que se cree sabia y no lo es. *ej.* Esa niña es una sabihonda, cree que sabe mucho pero siempre se equivoca. *sin.* sabelotodo.

salida [sa•li•da] / departure
s. La hora a la que sale un autobús, barco, tren o avión de pasajeros. *ej.* La salida es a las 8 de la mañana, así que tenemos que levantarnos temprano. *sin.* partida. *ant.* llegada.

salpicó [sal•pi•có] / splashed
v. salpicar Hacer que un líquido salte y moje. *ej.* La lluvia salpicó las botas de Marisa. *sin.* roció. *ant.* secó.

sándalo [sán•da•lo] / sandalwood
s. Árbol que da una madera de olor agradable. *ej.* El olor del sándalo es relajante y ayuda a dormir.

sarpullido [sar•pu•lli•do] / rash
s. Irritación en la piel que provoca muchos granitos o ronchas. *ej.* Comí algo malo que me produjo sarpullido.

satisfecha [sa•tis•fe•cha] / pleased
adj. Que está contenta, complacida. *ej.* María está muy satisfecha de la manera como cantó. *sin.* orgullosa. *ant.* disgustada.

secreteaban [se•cre•tea•ban] / whispered

v. secretear Hablar dos o más personas en secreto. *ej.* Las niñas se secreteaban cuando llegué y no quisieron decirme de qué hablaban.

sedoso [se•do•so] / silky

adj. Que es suave como la seda. *ej.* Mi gato tiene el pelo sedoso. *sin.* fino. *ant.* áspero.

segundo [se•gun•do] / second

s. Un tiempo muy breve, tan sólo un momento. *ej.* Espera un segundo, no tardo.

Lo que sigue del primero, que corresponde al número dos. *ej.* Quedé en **segundo** lugar.

seguramente [se•gu•ra•men•te] / surely

adv. Con seguridad. *ej.* Cuando crezcas, seguramente vas a estudiar una carrera. *sin.* indudablemente. *ant.* dudosamente.

selva [sel•va] / jungle

s. Terreno con muchos árboles, plantas y animales. *ej.* En la selva dos monos juegan en las ramas de los árboles. *sin.* jungla. *ant.* desierto.

sembramos [sem•bra•mos] / sowed

v. sembrar Poner semillas adentro de la tierra para que crezcan y den frutos. *ej.* Este año sembramos frijol y tomate. *ant.* cosechamos.

semejantes [se•me•jan•tes] / fellowmen

s. Que son parecidos a nosotros. Todos los demás seres humanos. *ej.* Haz el bien a tus semejantes. *sin.* similares. *ant.* diferentes.

sendero [sen•de•ro] / path

s. Camino estrecho. *ej.* Cuando llegues a esa loma, toma el sendero que va hacia la derecha.

sensación [sen•sa•ción] / sensation

s. Lo que se ve, oye, huele, gusta o siente. *ej.* Tengo la sensación de que algo se está quemando. *sin.* impresión.

sentenció [sen•ten•ció] / sentenced

v. sentenciar Condenar a alguien por un acto que daña a la sociedad. *ej.* El juez sentenció que el acusado era culpable. *sin.* dictaminó. *ant.* eximió.

sentido [sen•ti•do] / sense

s. Lo que permite a las personas darse cuenta o enterarse de lo que ocurre. *ej.* Tener sentido común es darse cuenta de lo que es peligroso y no hacerlo.

señal [se•ñal] / signal

s. Signo que se usa para dar un aviso de algo. *ej.* La señal para que inicie la carrera es que el juez baje la bandera.

Qué + significa

- Dirección. *ej.* ¿En qué **sentido** corre el tráfico en esta calle?
- Inteligencia. *ej.* Lo que dijiste primero tiene mucho **sentido,** pero lo último, eso no tiene **sentido.**
- Estar despierto. *ej.* ¿Ya recobró el **sentido** o sigue desmayado?

sequía [se•quí•a] / drought

s. Un tiempo muy largo en el que hace calor y no llueve. *ej.* Este año, la sequía ha dejado los campos sin trigo para cosechar.

seres [se•res] / beings

s. Todas las cosas que tienen vida: animales, plantas, humanos. *ej.* ¿Habrá seres en otros planetas?

serpentinas [ser•pen•ti•nas] / streamers

s. Tiras de papel de colores, que vienen enrolladas y se usan en fiestas. *ej.* En mi cumpleaños hubo globos, serpentinas y confetis.

severa [se•ve•ra] / harsh

adj. Que es muy exigente. *ej.* La maestra de matemáticas es la más severa de todas. *sin.* rígida. *ant.* tolerante.

siega [sie•ga] / harvest

s. Época cuando los agricultores recogen la cosecha en los campos sembrados. *ej.* Durante la siega, los agricultores usan tractores. *sin.* recolección. *ant.* siembra.

siempre [siem•pre] / always

adv. En todo tiempo. *ej.* Siempre he querido ser astronauta. *ant.* nunca.

sien [sien] / temple

s. Parte de la cabeza que está a los lados, entre la frente y la oreja. *ej.* La sien es una parte del cuerpo, y *cien* es un número.

siesta [sies•ta] / nap

s. Tiempo en que se duerme, después de la hora de la comida. *ej.* No hagas ruido, el bebé está durmiendo la siesta.

sigiloso [si•gi•lo•so] / stealthy

adj. Hacer algo en silencio y con cuidado, para que no lo descubran. *ej.* El gato entró sigiloso por la puerta de la cocina para que no lo viéramos. *sin.* disimulado. *ant.* indiscreto.

silueta [si•lue•ta] / silhouette

s. La forma que tiene un objeto pero sin sus detalles. *ej.* En la oscuridad, sólo puedes ver una silueta. *sin.* contorno.

silbato [sil•ba•to] / whistle

s. Pequeño instrumento para silbar. *ej.* El árbitro sonó su silbato porque se había terminado el partido.

silvestres [sil•ves•tres] / wild

adj. Que crecen en bosques o campos sin que se hayan cultivado. *ej.* Ésas son flores silvestres porque nacen en el monte. *sin.* campestres. *ant.* urbanas.

simpatía [sim•pa•tí•a] / affection

s. Sentimiento de que alguien o algo agrada. *ej.* Para ser amigo de alguien, tengo que sentir simpatía por él o ella. *sin.* afinidad. *ant.* antipatía.

190

simulacro [si•mu•la•cro] / drill

s. Acción en la que se finge hacer una cosa. *ej.* Con un barco de cartón, hicimos un simulacro donde nosotros éramos los marineros. *sin.* ensayo.

sin [sin] / without

prep. Que le falta algo. *ej.* Nos quedamos sin gasolina.

sinónimos [si•nó•ni•mos] / synonyms

s. Palabras que quieren decir lo mismo. *ej.* "Simpatía" y "afinidad" son sinónimos.

sintonizaba [sin•to•ni•za•ba] / tuned in

v. sintonizar Buscar en el radio la estación que se quiere escuchar. *ej.* Mi abuelo sintonizaba el radio todas las noches para escuchar las noticias.

sisearon [si•sea•ron] / hissed

v. sisear Hacer ruido como de "sss" o "ch". *ej.* El cantante era tan malo que los que lo oían lo sisearon para que se callara.

sistema [sis•te•ma] / system

s. Un grupo de cosas que están relacionadas o que hacen algo juntas. *ej.* El sistema solar se compone del Sol y nueve planetas.

sobras [so•bras] / scraps

s. Lo que queda de las comidas. *ej.* Después de la comida, dimos las sobras al perro. *sin.* desechos.

sobrenombre [so•bre•nom•bre] / nickname

s. Nombre que la gente pone a una persona, aparte del que ya tiene. *ej.* Me llamo Santiago, pero mis amigos me llaman por el sobrenombre de "Gordo". *sin.* apodo.

sobresaltados [so•bre•sal•ta•dos] / startled

adj. Que están sorprendidos, asustados. *ej.* Estamos muy sobresaltados porque acabamos de ver un accidente. *sin.* espantados. *ant.* tranquilos.

socios [so•cios] / partners

s. Alguien con quien se comparte un negocio o empresa, quien también es dueño. *ej.* Pablo y Jorge son socios en un negocio de hamburguesas.

sofocado [so•fo•ca•do] / suffocated

adj. Sin aliento, que le falta aire. *ej.* Cuando subí las escaleras, terminé sofocado.

sogas [so•gas] / ropes

s. Cuerdas para atar bultos, cajas, etc. *ej.* Amarramos el equipaje con sogas y partimos a nuestro viaje.

solapado [so•la•pa•do] / sneaking

adj. Que anda oculto para que no se den cuenta de lo que hace o para cuidarse de un peligro. *ej.* El zorro estaba solapado cerca del gallinero, esperando el momento oportuno para atacar.

soledad [so•le•dad] / loneliness

s. Estar solo, sin compañía. *ej.* El señor Ramírez vive en completa soledad en las afueras del pueblo. *sin.* abandono. *ant.* compañía.

solemne [so•lem•ne] / solemn

adj. Que es muy serio y formal. *ej.* Fui a una boda muy solemne, no podías hablar ni hacer ruido. *sin.* rimbombante. *ant.* austero.

solidaridad [so•li•da•ri•dad] / solidarity

s. Apoyar a otros sin esperar recibir nada a cambio. *ej.* Hay que tener solidaridad con los que no tienen para comer.

sollozó [so•llo•zó] / sobbed

v. sollozar Ruido que se hace al respirar cuando se está llorando. *ej.* El niño sollozó cuando dijo que su mascota se había perdido. *sin.* gimoteó. *ant.* rió.

solo [so•lo] / alone

adj. Que está sin compañía. *ej.* Mis papás salieron y me quedé solo. *sin.* solitario. *ant.* acompañado.

sonreía [son•re•í•a] / smiled

v. sonreír Reírse levemente y sin ruido. *ej.* La niña sonreía con las gracias del payaso.

sopor [so•por] / drowsy

s. Somnolencia; adormilarse. *ej.* Después de comer mucho siempre siento sopor. *sin.* pesadez. *ant.* despabilamiento.

sorbo [sor•bo] / sip

s. Algo que se absorbe. *ej.* Di un sorbo a mi malteada. *sin.* succión. *ant.* expulsión.

sorprendente [sor•pren•den•te] / amazing

adj. Que es maravilloso. *ej.* La forma en que anotó ese gol fue sorprendente. *sin.* asombroso. *ant.* común.

sorprendidas [sor•pren•di•das] / surprised

adj. Que están maravilladas por algo que les causó una grata impresión. *ej.* Mi mamá y mi abuela quedaron sorprendidas con los regalos del Día de las Madres. *sin.* asombradas. *ant.* impasibles.

sorpresa [sor•pre•sa] / surprise

s. Algo que no se espera. *ej.* El día de mi cumpleaños me hicieron una fiesta sorpresa.

sosegado [so•se•ga•do] / calm

adj. Que está quieto, tranquilo. *ej.* El niño ha estado muy sosegado toda la tarde; debe estar cansado. *sin.* pacífico. *ant.* inquieto.

sospechas [sos•pe•chas] / suspicions

v. sospechar Desconfiar de alguien que se cree ha hecho una mala acción o una travesura. *ej.* ¿Quién sospechas que se haya comido el último pedazo de pastel? *sin.* conjeturas. *ant.* seguridad.

sótano [só•ta•no] / basement

s. Cuarto bajo tierra de una casa o edificio. *ej.* Mis juguetes viejos los guardo en el sótano. *sin.* bodega. *ant.* ático.

subasta [su•bas•ta] / auction

s. Una venta de cosas en la que la gente ofrece diferentes cantidades de dinero, y el que ofrece más es quien se lleva lo que están vendiendo. *ej.* Mi mamá va a hacer una subasta de muebles viejos en la cochera. *sin.* remate.

súbitamente [sú•bi•ta•men•te] / suddenly

adv. Que sucede de repente. *ej.* Súbitamente, la rama se rompió y me caí del árbol. *sin.* inesperadamente. *ant.* deliberadamente.

subterráneas [sub•te•rrá•neas] / underground

adj. Que están debajo de la tierra. *ej.* Los topos construyen sus madrigueras subterráneas.

suceden [su•ce•den] / happen

v. suceder Que los hechos ocurren de pronto. *ej.* Hay cosas que suceden de repente, como el arco iris luego de una lluvia. *sin.* pasan.

sucesivamente [su•ce•si•va•men•te] / successively

adv. Cuando las cosas van una tras otra. *ej.* Pasamos a pegarle a la piñata sucesivamente, hasta que se rompió. *sin.* consecutivamente. *ant.* interrumpidamente.

sudoroso [su•do•ro•so] / sweaty

adj. Que está sudando mucho. *ej.* Tras el partido, terminé sudoroso y empolvado.

suele [sue•le] / usually

v. soler Que tiene por costumbre hacer algo. *ej.* Mi papá suele leer el periódico por las mañanas.

sueño [sue•ño] / sleepy

s. Ganas de dormir. *ej.* Me estoy cayendo de sueño.
sin. somnolencia.
ant. insomnio.

- Lo que se imagina al dormir. *ej.* Anoche tuve un **sueño** muy extraño.
- Ilusiones. *ej.* **Sueño** con un día convertirme en una estrella de cine.

suficientemente [su•fi•cien•te•men•te] / sufficiently

adv. Que tiene lo que hace falta; que con eso basta.
ej. Ya estás suficientemente grande para peinarte solo.
sin. bastante. *ant.* insuficientemente.

sugirió [su•gi•rió] / suggested

v. sugerir Dar una idea. *ej.* Mi hermano sugirió que fuéramos a nadar. *sin.* propuso. *ant.* ordenó.

suministra [su•mi•nis•tra] / supplies

v. suministrar Dar, proporcionar.
ej. El entrenador nos suministra los uniformes y las pelotas.
sin. aporta. *ant.* niega.

superada [su•pe•ra•da] / surpassed

adj. Que se dejó atrás, se venció.
ej. La velocidad del avión fue superada por la del jet. *sin.* rebasada.

surcos [sur•cos] / furrows

s. Un agujero alargado que se hace en la tierra, nieve, suelo, etc. *ej.* El tractor hizo surcos en la tierra para sembrar las semillas. *sin.* zanja, cauce.

surcaba [sur•ca•ba] / crossed

v. surcar Navegar por el mar; volar por el cielo o el espacio. *ej.* El velero surcaba el mar.

surgió [sur•gió] / appeared

v. surgir Se originó; se formó. *ej.* La pizza surgió en un país que se llama Italia. *sin.* nació. *ant.* acabó.

suspiró [sus•pi•ró] / sighed

v. suspirar Echar el aire haciendo "¡ahh!" o quejándose. *ej.* Pablo suspiró cuando se acordó de sus vacaciones en la playa.

sustituir [sus•ti•tu•ir] / substitute

v. Poner una cosa en lugar de otra. *ej.* Debemos sustituir a los jugadores que estén cansados. *sin.* reemplazar. *ant.* conservar.

susurraba [su•su•rra•ba] / whispered

v. susurrar Hablar en voz baja. *ej.* Cuando llegué, María le susurraba un secreto a Laura. *sin.* murmuraba. *ant.* gritaba.

Qué + significa

El ruido suave que hace el aire, el agua, etc. *ej.* En la tranquila noche, sólo el arroyo **susurraba** a lo lejos.

suturar [su•tu•rar] / suture

v. Coser una herida *ej.* Cuando se cayó, se hizo una cortada grande y lo tuvieron que suturar.

taimadamente [tai•ma•da•men•te] / cunningly
adv. Hacer algo con maña, con astucia. **ej.** El gato se mueve taimadamente, como si no hubiera visto al ratón.
sin. astutamente. **ant.** ingenuamente.

talento [ta•len•to] / talent
s. Aquello para lo que se es bueno. **ej.** Juan tiene talento para cantar y Ana para dibujar. **sin.** habilidad. **ant.** torpeza.

tamales [ta•ma•les] / tamales
s. Especie de empanadas de harina de maíz, envueltas en una hoja de maíz o de plátano. **ej.** En México, es una tradición comer tamales en Navidad.

tambaleante [tam•ba•lean•te] / wobbling
v. tambalear Inclinarse hacia los lados, como si se fuera a caer. **ej.** Choqué con la mesa y un vaso quedó tambaleante.

tamborilearon [tam•bo•ri•lea•ron] / tapped
v. tamborilear Hacer un ruido parecido al del tambor. **ej.** Las gotas de lluvia tamborilearon al pegar contra mi ventana.

taquillero [ta•qui•lle•ro] / ticket agent
s. La persona que vende los boletos del cine, teatro, etc. en la taquilla. **ej.** Ve con el taquillero y compra dos boletos para ver la película.

tartamudo [tar•ta•mu•do] / stammered
adj. Que habla con pausas y repitiendo las sílabas. **ej.** Como Juan es un poco tartamudo, dice: "Qui-quiero co-comer".

tatarabuelo [ta•ta•ra•bue•lo] / great great grandfather

s. El abuelo de mi abuelo. *ej.* Esta casa la construyó mi tatarabuelo y todavía sigue en pie.

tato [ta•to] / hog-headed armadillo

s. Un tipo de armadillo. *ej.* Vimos un tato en el zoológico.

técnica [téc•ni•ca] / technique

s. La forma de hacer algo. *ej.* Nos enseñaron la técnica correcta para nadar bajo el agua. *sin.* procedimiento.

tejiendo [te•jien•do] / weaving

v. tejer Unir hilos o cordones para formar algo hecho de tela, como ropa. *ej.* Cuando llegamos, la abuela estaba tejiendo un suéter.

telescopio [te•les•co•pio] / telescope

s. Aparato para ver lo que está lejos. *ej.* Con un telescopio puedes ver los planetas y las estrellas.

telón [te•lón] / curtain

s. Cortina que hay en los teatros. Se levanta cuando empieza la función y se corre cuando termina. *ej.* El elegante telón le daba un aire majestuoso al teatro.

tema [te•ma] / theme

s. El asunto de lo que trata algo. *ej.* El tema de la clase de hoy va a ser "la vida en el fondo del mar". *sin.* materia.

temblores [tem•blo•res] / earthquakes

s. Sacudidas de la tierra. *ej.* Los temblores pueden hacer que se caigan las casas. *sin.* sismos.

temerarias [te•me•ra•rias] / fearless

adj. Que no tienen miedo. *ej.* Las porristas de mi escuela son temerarias. *sin.* valientes. *ant.* temerosas.

temible [te•mi•ble] / frightening

adj. Que da miedo. *ej.* El león es un animal temible. *sin.* imponente. *ant.* inofensivo.

temor [te•mor] / fear

s. Sentimiento de miedo. *ej.* No me subo al techo porque tengo temor de caerme. *sin.* pánico. *ant.* valor.

Sentir desconfianza hacia alguien o algo.
ej. Le tengo **temor** a los exámenes.

temperatura [tem•pe•ra•tu•ra] / temperature

s. La medida del calor o frío que hace. *ej.* ¿Cuál va a ser la temperatura de hoy?

tempestuosas [tem•pes•tuo•sas] / stormy

adj. Que va a haber tormenta o que produce una tempestad. *ej.* Las historias de monstruos y fantasmas siempre ocurren en noches tempestuosas. *sin.* borrascosas. *ant.* serenas.

temporada [tem•po•ra•da] / season

s. Un grupo de días, semanas o meses en los que pasa algo, como hacer calor o frío. *ej.* En la temporada invernal cae mucha nieve. *sin.* época.

Tiempo de una actividad o de un objeto en especial. *ej.* **Temporada** de futbol, **temporada** de fresas, **temporada** de ofertas.

tenaz [te•naz] / tenacious

adj. Que no se rinde ni se desanima. *ej.* Se necesita ser tenaz para subir una montaña. *sin.* obstinado. *ant.* voluble.

tendida [ten•di•da] / laying

adj. Que está acostada. *ej.* Mi hermana menor se quedó tendida en el asiento durante todo el viaje.

tensó [ten•só] / tensed

v. tensar Apretar, poner duro. *ej.* La fiera tensó sus músculos antes de pelear. *sin.* contrajo. *ant.* relajó.

tenuemente [te•nue•men•te] / softly

adv. De manera débil, suave. *ej.* La luz de la luna iluminaba tenuemente el parque. *sin.* sutilmente. *ant.* densamente.

terca [ter•ca] / stubborn

adj. Que no quiere dejar de discutir; que no se deja convencer. *ej.* No discutas con mi hermana porque es muy terca y no llegarán a un acuerdo. *sin.* obstinada. *ant.* flexible.

térmicos [tér•mi•cos] / thermic

adj. A prueba del frío; que conservan el calor. *ej.* En invierno, nos ponen trajes térmicos y así no sentimos frío por muy intenso que sea.

terribles [te•rri•bles] / dreadful

adj. Que es molesto, difícil de soportar. *ej.* Lávate los dientes después de cada comida, porque una muela infectada causa dolores terribles. *sin.* horribles. *ant.* gratos.

tetera [te•te•ra] / teapot

s. Vasija para preparar té. *ej.* Pon la tetera a calentar porque vamos a tener visitas.

textos [tex•tos] / texts

s. Escritos; lo que está con letras en un libro, revista, periódico, etc. *ej.* Lee los textos que están en las páginas 8 a la 10.

tibieza [ti•bie•za] / warmness

s. Ligeramente caliente. *ej.* La tibieza de mi cama hace que no me quiera levantar.

tiempos [tiem•pos] / times

s. Épocas, momentos. *ej.* Es la mejor película de todos los tiempos. *sin.* periodos.

Qué + significa

- Duración de una acción. *ej.* El ciclista hizo un **tiempo** de 2 horas 15 segundos.
- El clima. *ej.* Es **tiempo** de frío.

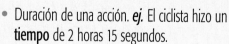

tiesa [tie•sa] / stiff

adj. Que está rígida, dura y es difícil
de romper o doblar. *ej.* Hicimos una
figura con lodo, la dejamos al sol
y se hizo tiesa.

Tierra [Tie•rra] / Earth

s. El planeta en que vivimos. Ocupa
la tercera posición en el sistema solar.
ej. El planeta Tierra gira alrededor
del Sol.

tilichero [ti•li•che•ro] / peddler

s. Persona que compra y vende cosas usadas y sin valor.
ej. Ya no guardes tantos juguetes descompuestos o van a
pensar que eres un tilichero. *sin.* buhonero.

tímidamente [tí•mi•da•men•te] / fearfully

adv. Que hace algo con temor. *ej.* Tímidamente pidió permiso
para ir al baño. *sin.* turbadamente. *ant.* atrevidamente.

timón [ti•món] / helm

s. Una parte de los barcos y aviones que
sirve para controlar el rumbo. *ej.* El capitán
es la única persona del barco que maneja
el timón.

tinieblas [ti•nie•blas] / darkness

s. Cuando un lugar está oscuro o con poca
luz. *ej.* Hubo un apagón de energía
eléctrica y nos quedamos en tinieblas.
sin. penumbras. *ant.* claridad.

tintineantes [tin•ti•nean•tes] / jingling

adj. Que hacen el sonido "tin-tin".
ej. En la puerta de mi casa hay unas campanitas tintineantes.

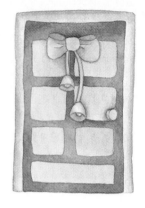

tiritó [ti•ri•tó] / shivered

v. tiritar Temblar de frío o fiebre.
ej. Vi que mi abuelo tiritó, por eso encendí la calefacción.

tirón [ti•rón] / yank

s. Estirar de golpe. *ej.* El cordón estaba atorado, pero le di un tirón y se soltó.

tocayas [to•ca•yas] / namesakes

s. Cuando dos personas tienen el mismo nombre. *ej.* Como las dos nos llamamos María, somos tocayas.

tonada [to•na•da] / tune

s. Música de una canción. *ej.* ¿Qué tonada es ésa que estás silbando? *sin.* melodía.

tonterías [ton•te•rí•as] / foolishness

adj. Palabras o acciones absurdas, sin sentido. *ej.* El payaso hizo puras tonterías. *sin.* disparates.
ant. habilidades.

toparse [to•par•se] / bump into

v. topar Encontrarse con alguien o algo.
ej. No imaginaron que los dos iban a toparse viajando en el mismo avión. *sin.* coincidir.

topo [to•po] / mole

s. Animal pequeño que come insectos y hace túneles.
ej. Los topos cavan con sus uñas y dientes.

toquilla [to•qui•lla] / headscarf

s. Un tipo de pañuelo que sirve para tapar la cabeza. *ej.* Traían al bebé envuelto en una manta y con una toquilla en la cabeza.

tornasolado [tor•na•so•la•do] / iridescent

adj. Que brilla; que refleja la luz.
ej. Hay peces que tienen el cuerpo tornasolado.

torneo [tor•ne•o] / tournament

s. Competencia. *ej.* El sábado voy a un torneo de karate. Espero regresar a casa con un trofeo.
sin. competición.

torpemente [tor•pe•men•te] / clumsily

adv. Hacer o decir algo sin habilidad. *ej.* Yo no sé bailar, lo hago torpemente. *sin.* lentamente. *ant.* ágilmente.

tortuga [tor•tu•ga] / turtle

s. Animal pequeño que tiene una gran concha sobre la espalda.
ej. Vi una tortuga cerca del río. Parecía estar perdida del resto de sus compañeras.

trabazón [tra•ba•zón] / joining

s. Algo que está unido. *ej.* Ya vi cómo hacen la ropa: es una trabazón de hilos. *sin.* atadura. *ant.* separación.

tradiciones [tra•di•cio•nes] / traditions

s. Algo que se ha hecho durante mucho tiempo. *ej.* Debemos cuidar las tradiciones, como celebrar el Día de Acción de Gracias. *sin.* costumbres. *ant.* novedades.

tráfico [trá•fi•co] / traffic

s. Los vehículos que pasan por una calle. *ej.* Cuando mi papá nos lleva a la escuela hay mucho tráfico, porque muchos papás llevan a sus hijos a la escuela. *sin.* tránsito.

tragó [tra•gó] / gulped

v. tragar Pasar un bocado sin masticarlo. *ej.* El perro se tragó una pelotita. *sin.* engulló. *ant.* arrojó.

tramando [tra•man•do] / plotting

v. tramar Planear algo malo. *ej.* Los bandidos están tramando asaltar un banco. *sin.* confabulando. *ant.* desenmarañando.

trampa [tram•pa] / trap

s. Aparato para atrapar animales. *ej.* En el rancho, pusieron una trampa para atrapar a un coyote que ataca a las gallinas.

transforme [trans•for•me] / change

v. transformar Cambiar, convertir. *ej.* Para que una semilla se transforme en planta necesita agua y sol.

trapos [tra•pos] / rag

s. Pedazos de tela que ya no sirven. *ej.* Hicimos una tienda de campaña con un palo y algunos trapos.

tras [tras] / after

prep. Detrás. *ej.* Arrojé una pelota y le dije a mi perro: "¡Ve tras ella!"

trasladaron [tras•la•da•ron] / transferred

v. *trasladar* Cambiar a una persona u objeto a otro lugar. *ej.* Por su trabajo, a mi papá lo trasladaron a otra ciudad.

trayecto [tra•yec•to] / journey

s. Camino que se recorre para ir de un lugar a otro. *ej.* Va a ser un trayecto largo y difícil. *sin.* recorrido.

trecho [tre•cho] / stretch

s. Espacio corto o tiempo corto. *ej.* El parque está un trecho más adelante. *sin.* distancia, espacio.

tregua [tre•gua] / truce

s. Pausa o descanso en una actividad. *ej.* Como era hora de comer, hicimos una tregua y suspendimos la batalla de bolas de nieve. *sin.* interrupción. *ant.* reanudación.

trepaba [tre•pa•ba] / climbed

v. *trepar* Subir a un lugar alto usando los pies y las manos. *ej.* El chango trepaba a los árboles muy rápido. *sin.* escalaba. *ant.* bajaba.

tribu [tri•bu] / tribe

s. Grupo de personas que tienen costumbres primitivas, se dedican a lo mismo y viven cercanos, en el campo. *ej.* Los apaches eran una tribu de indígenas guerreros.

triciclo [tri•ci•clo] / tricycle

s. Especie de bicicleta pero con tres ruedas. *ej.* Antes de aprender a andar en bicicleta, aprendí a andar en triciclo.

trigo [tri•go] / wheat

s. Planta que se usa para hacer pan. *ej.* El campo sembrado de trigo es dorado y hace "trsss" cuando sopla el viento.

trinaban [tri•na•ban] / trilled

v. trinar Que los pájaros cantaban. *ej.* Me desperté cuando trinaban los pájaros.

tripulación [tri•pu•la•ción] / crew

s. Las personas que sirven en un avión, barco, nave, etc.
ej. El capitán y su tripulación nos saludaron al subir al barco.
sin. personal.

tristemente [tris•te•men•te] / sadly

adv. Hacer algo con tristeza. *ej.* Camina tristemente por la calle, llorando. *sin.* desconsoladamente.
ant. dichosamente.

tritura [tri•tu•ra] / crush

v. triturar Moler algo. *ej.* Para comer la nuez, Ramón primero tritura su cáscara. *sin.* machaca.

trompo [trom•po] / top

s. Juguete que baila o da vueltas. *ej.* Mi nuevo trompo emite luz cuando gira.

tropezones [tro•pe•zo•nes] / stumbles

v. tropezar Caminar con dificultad y chocando con todo. *ej.* Me bajé de la montaña rusa todo mareado y andando a tropezones.

trota [tro•ta] / jogs

v. trotar Correr ligeramente. *ej.* Mi perro trota a mi lado cuando voy a la escuela.

trovador [tro•va•dor] / troubadour

s. Poeta que iba de pueblo en pueblo recitando o cantando historias. *ej.* El rey escucha al trovador que le informa las noticias del reino.

trucos [tru•cos] / tricks

s. Maneras de hacer algo con ingenio o habilidad que sorprenden. *ej.* Mi perro sabe hacer algunos trucos, como hacerse el muerto y dar la pata.

Qué + significa

- Trampas. *ej.* Vamos a jugar a los dados, pero no se vale hacer **trucos.**
- Efectos especiales. *ej.* En la película, el **truco** de desaparecer me sorprendió mucho.

truhán [tru•hán] / joker

s. Alguien que intenta hacer reír con bromas, cuentos o gestos. *ej.* ¡Eres un truhán! ¿Cómo se te ocurre hacernos esa broma? *sin.* pícaro. *ant.* serio.

Qué + significa

Alguien que engaña. *ej.* Un **truhán** me dijo que si le compraba un boleto a la luna.

tumbos [tum•bos] / jolts

s. Sacudidas hacia los lados. *ej.* Viajamos en la parte de atrás de la camioneta, pero íbamos dando tumbos.

tumulto [tu•mul•to] / tumult

s. Ruido y desorden que hace una multitud reunida en un lugar. *ej.* En el centro comercial se armó tremendo tumulto por la gente que deseaba aprovechar las ofertas. *sin.* disturbio. *ant.* orden.

túnel [tú•nel] / tunnel

s. Camino por debajo de la tierra o adentro de una montaña. *ej.* En la carretera, cruzamos la montaña por un túnel.

tupida [tu•pi•da] / thick

adj. Que es abundante. *ej.* La lluvia era tan tupida que tuvimos que suspender el juego. *sin.* densa. *ant.* rala.

turistas [tu•ris•tas] / tourists

s. Los que visitan un lugar lejos de donde viven. *ej.* Vamos a ser turistas en México. *sin.* visitantes.

ulular [u•lu•lar] / howl

v. Hacer un sonido parecido a un aullido que se oye como "uuu". *ej.* Oímos el ulular de una patrulla.

unánime [u•ná•ni•me] / unanimous

adj. Que todos están de acuerdo. *ej.* El deseo de ir a Disneylandia fue unánime. *sin.* general. *ant.* parcial.

universo [u•ni•ver•so] / universe

s. El conjunto de todo el espacio, con los planetas, estrellas, etc. *ej.* Lo más grande que hay es el universo. *sin.* cosmos.

unta [un•ta] / spreads

v. untar Cubrir una cosa con un material grasoso. *ej.* Mi mamá unta crema de maní en mi pan, como me gusta. *sin.* embarra. *ant.* limpia.

urbano [ur•ba•no] / urban

adj. Que es de la ciudad. *ej.* El paisaje urbano es de casas, edificios y mucha actividad comercial.

utensilios [u•ten•si•lios] / utensils

s. Herramientas que se necesitan para hacer un trabajo determinado. *ej.* El doctor carga sus utensilios en una maleta y el plomero en una caja. *sin.* instrumentos.

vadeó [va•deó] / waded

v. vadear Evitar mojarse con un río o charco, pasándolo por un lado. *ej.* El jinete vadeó el río. *sin.* evadió. *ant.* estancó.

vagaría [va•ga•rí•a] / wander

v. vagar Andar por muchas partes, sin encontrar lo que se busca o a dónde ir. *ej.* Si estuviera de vacaciones, vagaría por las calles. *sin.* pasearía. *ant.* establecería.

vaho [va•ho] / steam

s. Aire que sale por la boca.
ej. Cuando hace frío, soplas a la ventana y se hace vaho.

vainas [vai•nas] / pods

s. Las envolturas donde se guardan las semillas de algunas plantas.
ej. Los chícharos se encuentran dentro de unas vainas.

valientemente [va•lien•te•men•te] / bravely

adv. Actuar sin miedo. *ej.* Luchó valientemente contra las fieras salvajes. *sin.* temerariamente. *ant.* cobardemente.

valle [va•lle] / valley

s. Tierra baja que está entre montañas o junto a un río. *ej.* El estado de Texas es un gran valle.

valoran [va•lo•ran] / appreciate

v. valorar Dar valor a algo.
ej. Quienes valoran la naturaleza, no tiran basura. *sin.* aprecian. *ant.* desprecian.

vapor [va•por] / steam
s. Agua en forma gaseosa. *ej.*
Cuando calientas el agua, se
convierte en vapor.

vaporoso [va•po•ro•so] / vaporous
adj. Que está lleno de vapor, está
húmedo. *ej.* Cuando me baño con
agua muy caliente, el baño queda vaporoso.

varicela [va•ri•ce•la] / chicken pox
s. Enfermedad que hace que salgan ronchas en todo el cuerpo.
ej. Cuando tuve varicela, me daba mucha comezón.

vecindario [ve•cin•da•rio] / neighborhood
s. Grupo de casas que están muy cerca, unas junto a otras o
enfrente. *ej.* Pablo, Laura y yo somos vecinos, porque vivimos
en el mismo vecindario.

velas [ve•las] / sails
s. Telas grandes que usan
algunos barcos para que los
empuje el viento. *ej.* El barco
elevó sus velas y partió.

Qué + significa

Objeto delgado de cera, con un hilo en
el centro que se enciende y da luz. *ej.* En la
fiesta de Navidad prendimos **velas** y cantamos.

velador [ve•la•dor] / guard
s. Persona que cuida un lugar, casa o edificio, por las noches.
ej. El velador pasó caminando con su lámpara.

velludo [ve•llu•do] / hairy
adj. Que tiene mucho vello. *ej.* Dice mi mamá que estoy muy
velludo, igual que mi abuelo Manolo.

velocidad [ve•lo•ci•dad] / speed

s. La rapidez con que un objeto se mueve. *ej.* Un auto de carreras corre a más velocidad que una bicicleta. *sin.* rapidez. *ant.* lentitud.

velocímetro [ve•lo•cí•me•tro] / speedometer

s. Aparato que mide la velocidad. *ej.* En el velocímetro del carro decía que íbamos a 60 millas por hora, la velocidad permitida en esa carretera.

venció [ven•ció] / defeated

v. vencer Que derrotó a un enemigo. *ej.* Estados Unidos venció a Gran Bretaña en la Revolución Americana y logró su independencia. *sin.* sometió. *ant.* perdió.

venenosos [ve•ne•no•sos] / poisonous

adj. Que comerlos o tocarlos es peligroso para la salud e incluso pueden causar la muerte. *ej.* Hay algunos hongos que son venenosos.

ventajoso [ven•ta•jo•so] / advantageous

adj. Que es conveniente; que tiene ventajas. *ej.* Hacer deporte es ventajoso. *sin.* útil. *ant.* desventajoso.

ventisca [ven•tis•ca] / blizzard

s. Tormenta con nieve. *ej.* Nos tuvimos que detener porque empezó una ventisca.

ventrílocuo [ven•trí•lo•cuo] / ventriloquist

adj. y *s.* Persona que puede hablar sin mover los labios, de manera que parezca que es otra persona la que habla.
ej. La actuación del ventrílocuo fue sensacional.

vergüenza [ver•güen•za] / embarrassment

s. Sentirse mal por haber hecho algo. *ej.* Me puse rojo de vergüenza cuando me equivoqué. *sin.* pena.
ant. cinismo.

Qué + significa

Timidez. *ej.* No tengas **vergüenza**, ven a conocer a mis papás.

versiones [ver•sio•nes] / versions

s. Las formas de interpretar un hecho o un tema. *ej.* Dibujé dos versiones del vaquero: una con sombrero y la otra con caballo.

versos [ver•sos] / verses

s. Grupo de palabras que suenan parecido a una canción.
ej. En el festival del Día de las Madres voy a recitar unos versos que yo misma escribí.

vértigo [vér•ti•go] / vertigo

s. Mareo; sentir que todo da vueltas. *ej.* Yo no me subo al carrusel, porque me da vértigo.
sin. vahído.

vertió [ver•tió] / poured

v. verter Derramar o vaciar un líquido de un recipiente a otro. *ej.* El mesero se acercó con una jarra y vertió limonada en mi vaso.

vespertina [ves•per•ti•na] / vespertine
adj. Que se realiza una actividad por la tarde. *ej.* En este momento no puedo jugar porque voy a mi clase vespertina de danza. *ant.* matutina.

vestíbulo [ves•tí•bu•lo] / lobby
s. Habitación próxima a la puerta de entrada. *ej.* Yo espero en el vestíbulo mientras vas por tu chaqueta.

vestimenta [ves•ti•men•ta] / clothes
s. El conjunto de ropas que usa una persona. *ej.* La vestimenta de los hombres de las cavernas era de piel de animales.

vía [ví•a] / way
s. Camino por el cual pasan personas o vehículos para ir de un lugar a otro. *ej.* La mejor vía para llegar a Dallas es tomar esta autopista. *sin.* ruta.

Rieles de ferrocarril. *ej.* No camines por la **vía** porque podría venir el tren.

vibrar [vi•brar] / vibrate
v. Temblar; sacudirse levemente. *ej.* Cuando ensaya la orquesta en el patio vecino, hace vibrar las ventanas.

vigila [vi•gi•la] / watch
v. Que observa con atención para prevenir daños. *ej.* El velador vigila la casa cuando no estamos. *sin.* cuida. *ant.* descuida.

vigor [vi•gor] / strength
s. Fuerza para hacer algo. *ej.* Se necesita vigor para ser policía. *sin.* energía. *ant.* debilidad.

violaste [vio•las•te] / violated
v. violar No cumplir una ley o una regla. *ej.* Violaste la ley de no ensuciar las calles. *sin.* infringiste. *ant.* cumpliste.

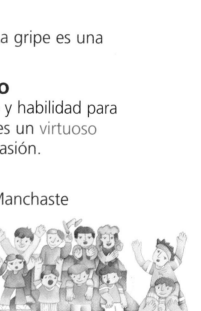

violenta [vio•len•ta] / violent
adj. Que se hace o sucede algo con mucha fuerza o de manera brusca. *ej.* De pronto, el tren dio una sacudida violenta que despertó a todos los pasajeros. *sin.* forzada. *ant.* suave.

violetas [vio•le•tas] / violets
s. Flores de color morado y olor suave. *ej.* Hay violetas en mi jardín.

viral [vi•ral] / viral
adj. Que es causado por un virus. *ej.* La gripe es una enfermedad viral.

virtuoso [vir•tuo•so] / virtuoso
adj. Persona que tiene un gran talento y habilidad para hacer algo. *ej.* Mi maestro de música es un virtuoso del violín, lo toca con gran técnica y pasión.

viscoso [vis•co•so] / gooey
adj. Que es pegajoso, gelatinoso. *ej.* Manchaste de dulce mi lápiz y quedó viscoso.

vitorearon [vi•to•rea•ron] / cheered
v. vitorear Aclamar; aplaudir. *ej.* Al campeón lo vitorearon en el estadio. *sin.* ovacionaron. *ant.* abuchearon.

vivaz [vi•vaz] / quick-witted
adj. Que es rápido para responder o actuar. *ej.* Dicen que soy muy vivaz porque entiendo pronto lo que me dicen. *sin.* inteligente. *ant.* torpe.

Que tiene mucha vida y energía. *ej.* Tú nunca te cansas, eres muy **vivaz.**

vocación [vo•ca•ción] / vocation
s. Deseo de estudiar una carrera o de dedicarse a una ocupación. *ej.* Mi vocación es ser doctor. *sin.* propensión. *ant.* aversión.

vociferó [vo•ci•fe•ró] / hollered
v. vociferar Dar gritos o voces en forma fuerte. *ej.* El entrenador vociferó palabras de aliento a sus jugadores.

volcanes [vol•ca•nes] / volcanoes
s. Abertura de una montaña de la que salen fuego, piedras, humo y lava. *ej.* En Hawai hay muchos volcanes.

volvían [vol•ví•an] / returned
v. volver. Regresar. *ej.* Volvían de la escuela a la hora de comer. *sin.* retornaban. *ant.* marchaban.

voz [voz] / voice
s. Grito que se da como señal de algo. *ej.* Da la voz de alarma: ¡Viene una tormenta!

- El sonido que hace el ser humano al hablar. *ej.* Tu **voz** es más grave que la mía.
- Derecho a hablar. *ej.* Mis papás me dan **voz** a la hora de decidir a dónde ir de vacaciones.

W w

Es la vigésimo cuarta (número 24) letra del alfabeto en español y decimonovena (número 19) de sus consonantes. Puede representar un sonido parecido a *u* o a *gu.* Se usa en palabras de origen extranjero, principalmente del idioma inglés.

Algunas palabras que provienen del inglés y que se han adoptado por el uso frecuente al español son:

- *walkie-talkie:* aparato portátil que la gente usa para comunicarse en distancias cortas.
- *walkman:* audífonos que está unidos a un reproductor de casetes o aparato de radio portátiles. Con este aparato, las personas pueden escuchar música y moverse al mismo tiempo.
- *Web:* palabra formada por las primeras letras (acrónimo) de *world wide web.* Es un sistema al que se puede tener acceso para buscar la información que está disponible en la Internet.
- *week-end:* fin de semana.

X x

Es la vigésimo quinta (número 25) letra del alfabeto en español y vigésima (número 20) de sus consonantes. Representa la combinación de sonidos *ks, gs* o *s.*

Usos de la letra x

- La letra *x* se usa en matemáticas para representar la variable de una ecuación. *ej.* $24 + x = 30$, donde *x* tiene un valor de 6.
- También se usa para indicar una cantidad que no se conoce o no se puede o no se quiere decir. *ej.* Nuestro equipo de basquetbol ganó por *x* puntos a la escuela del condado vecino.
- En la numeración romana una X (en mayúsculas) equivale a diez.
- Una palabra de uso común es *rayos X*, con la cual se conoce a una radiografía en el área de la medicina. *ej.* El médico me mandó hacer un estudio de rayos X para ver si mi brazo está fracturado.

ya [ya] / already

adv. Inmediatamente, ahora mismo.
ej. "¡Ya voy!", grité desde mi ventana
a mi amigo Paco que me esperaba
para ir a jugar.

yace [ya•ce] / lies

v. yacer Estar acostado, tendido.
ej. Pedro yace en el césped,
disfrutando de un espléndido día.
sin. reposa. *ant.* levanta.

yacimiento [ya•ci•mien•to] / deposit

s. Lugar donde se almacenan de manera natural minerales
líquidos, sólidos o gaseosos. *ej.* En Texas visité un yacimiento
de petróleo. *sin.* depósito.

yaquis [ya•quis] / yaquis

adj. Una tribu del norte de México. *ej.* Los indígenas yaquis
habitan en el estado de Sonora.

yegua [ye•gua] / mare

s. Caballo hembra. *ej.* La yegua y su potrillo retozan en el
corral.

yema [ye•ma] / yolk

s. La parte del centro de un
huevo (lo amarillo, en el
huevo de gallina). *ej.* Mi
hermana no se come la
yema de los huevos.

Qué + significa

La punta del dedo, pero del lado contrario a
la uña. *ej.* Me manché de tinta la **yema** del
dedo.

yerbabuena [yer•ba•bue•na] / spearmint

s. Hierbabuena, una planta de olor agradable que se usa como condimento en alimentos y golosinas. *ej.* Los dulces sabor yerbabuena refrescan la boca.

yergue [yer•gue] / stands

v. erguir Que se alza, se levanta. *ej.* El monumento se yergue a la entrada de la ciudad.

yermo [yer•mo] / deserted

adj. Cuando un lugar no está habitado o un terreno no cultivado. *ej.* Si viajas por esta carretera, verás un terreno yermo antes de llegar al poblado más próximo. *sin.* infértil. *ant.* fértil.

yogur [yo•gur] / yogurt

s. Producto cremoso y un poco ácido derivado de la leche. *ej.* Mi mamá dice que es bueno desayunar yogur con frutas.

yo-yo [yo•yo] / yo-yo

s. Un juguete redondo que se hace subir y bajar por un hilo. *ej.* Manuel sabe hacer muchos trucos con el yo-yo.

yuca [yu•ca] / yucca

s. Planta de la que se obtiene un tipo de harina. *ej.* En mi jardín sembraron yuca.

yugo [yu•go] / yoke

s. Una carga que es muy pesada. *ej.* Finalmente pude desprenderme del yugo de los exámenes. *sin.* obligación. *ant.* libertad.

zafarse [za•far•se] / escape

v. zafar Soltarse; escaparse. *ej.* En el juego de policías y ladrones, Javier cayó prisionero pero logró zafarse y huyó. *sin.* librarse. *ant.* resistir.

zambulle [zam•bu•lle] / plunge

v. zambullir Meterse de golpe debajo del agua. *ej.* Paty se zambulle en la alberca. *sin.* sumerge. *ant.* emerge.

zancudas [zan•cu•das] / long-legged

adj. De patas o zancas grandes. *ej.* Hay aves y arañas zancudas.

zarandeaba [za•ran•dea•ba] / shook

v. zarandear Sacudir a alguien o algo de un lado a otro con fuerza y rapidez. *ej.* El viento zarandeaba al pequeño avión. *sin.* agitaba. *ant.* afirmaba.

zarpa [zar•pa] / claw

v. zarpar Que un barco deje el puerto y se adentre en el mar. *ej.* Todos abordo, que el barco zarpa en este momento.

Qué + significa

Garra o pata de algunos animales, como el león y el tigre. *ej.* El león puede matar a otro animal con su **zarpa**.

zócalo [zó•ca•lo] / main square

s. En México se le llama así a la plaza principal de las ciudades. *ej.* En el centro del zócalo había un kiosko, donde unos músicos tocaban música alegre.

zoológico [zo•o•ló•gi•co] / zoo

s. Parque donde se guardan animales de varias partes del mundo y que las personas pueden visitar. *ej.* El domingo fuimos al zoológico y pude ver cebras, elefantes y tigres.

zorrillo [zo•rri•llo] / skunk

s. Animal pequeño, de color oscuro, que huele muy feo. *ej.* En las caricaturas, todos los personajes huyen del zorrillo porque no les gusta cómo huele.

zorro [zo•rro] / fox

s. Animal parecido al perro, que vive en el monte y caza otros animales para comer. *ej.* El granjero puso una trampa para atrapar al zorro que se lleva sus gallinas.

zozobra [zo•zo•bra] / anxiety

s. Inquietud, preocupación. *ej.* Dijo la maestra que no sintiéramos zozobra por el examen. *sin.* aflicción. *ant.* sosiego.

zumban [zum•ban] / buzzed

v. zumbar Hacer sonido de "zumm". *ej.* Todo el día zumban las abejas en el jardín de la tía Enriqueta.

zurda [zur•da] / left–handed

adj. Que tiene más fuerza y habilidad con la mano izquierda que con la derecha. *ej.* Mary es zurda, escribe y come con la mano izquierda.

Índice

Índice inglés / español

El siguiente índice es una referencia rápida para padres y maestros que están más familiarizados con el idioma inglés y que, por tanto, requieren la traducción al español para referirse a la página donde se encuentra la palabra que quieren investigar.

musky/almizclosa, 11
mynah/mainato, 132
mystery/misterio, 141

N

namesakes/tocayas, 204
nap/siesta, 190
nature/naturaleza, 144
nearsighted/miope, 140
neighborhood/barrio, 32
neighborhood/vecindario, 213
neighed/relincharon, 176
nervously/nerviosamente, 145
nettles/ortigas, 150
never/nunca, 145
new/novedoso, 145
newspaper/periódico, 156
nickname/sobrenombre, 192
noisy/estrepitosos, 88
nonsense/necedades, 144
nonsensical/disparatada, 73
noticed/percatara, 155

O

oasis/oasis, 146
oatmeal/avena, 27
obelisk/obelisco, 146
obey/obedecer, 146
obtain/procurarse, 166
odd/estrambótico, 87
offended/ofendido, 147
omen/augurio, 26
omit/omito, 148
on a roll/racha, 170
on credit/fiada, 96

open-mouthed/boquiabierto, 33
optimism/optimismo, 148
optional/opcional, 148
orange blossoms/azahares, 28
organize/organizan, 149
orient/oriente, 149
origin/origen, 149
original/original, 149
ostrich/avestruz, 28
outline/contorno, 56
outline/esbozo, 81

P

paintings/pinturas, 158
palm/palmo, 151
pant/jadean, 124
paralyzed/paralizado, 152
parrot/perico, 155
parsley/perejil, 155
part/papel, 152
participants/participantes, 152
partner/socios, 192
patches/plantíos, 160
path/sendero, 188
patiently/pacientemente, 151
patrol/rondar, 184
pats/palmadas, 151
pear tree/peral, 155
pearly/nacarados, 144
peasant/campesino, 39
peasant/labrador, 126
pedaled/pedaleaba, 154
peddler/tilichero, 203
penultimate/penúltima, 154
people/gente, 103
perceive/captar, 40